KÖNIGS ERLÄUTERUNGEN
Band 408

Textanalyse und Interpretation zu

Anna Seghers

DAS SIEBTE KREUZ

Rüdiger Bernhardt

Alle erforderlichen Infos für Abitur, Matura, Klausur und Referat
plus Musteraufgaben mit Lösungsansätzen

Bange Verlag

Zitierte Ausgabe:
Anna Seghers: *Das siebte Kreuz. Ein Roman aus Hitlerdeutschland.* Mit einem Nachwort von Sonja Hilzinger. Berlin: Aufbau Verlag, 33. Aufl. 2011 (aufbau taschenbuch 5151).

Über den Autor dieser Erläuterung:
Prof. Dr. sc. phil. Rüdiger Bernhardt lehrte neuere und neueste deutsche sowie skandinavische Literatur an Universitäten des In- und Auslandes. Er veröffentlichte u. a. Studien zur Literaturgeschichte und zur Antikerezeption, Monografien zu Henrik Ibsen, Gerhart Hauptmann, August Strindberg und Peter Hille, gab die Werke Ibsens, Peter Hilles, Hermann Conradis und anderer sowie zahlreiche Schulbücher heraus. Von 1994 bis 2008 war er Vorsitzender der Gerhart-Hauptmann-Stiftung Kloster auf Hiddensee. 1999 wurde er in die Leibniz-Sozietät gewählt.

4. Auflage 2018
ISBN: 978-3-8044-1982-7
PDF: 978-3-8044-5982-3, EPUB: 978-3-8044-6982-2

Titelabbildung: Szene aus dem Film „The Seventh Cross" (USA 1944)
© ullstein bild – Röhnert
Druck und Weiterverarbeitung: Tiskárna Akcent, Vimperk

1. DAS WICHTIGSTE AUF EINEN BLICK – SCHNELLÜBERSICHT 6

2. ANNA SEGHERS: LEBEN UND WERK 10

2.1 Biografie 10
2.2 Zeitgeschichtlicher Hintergrund 18
Der „Roman aus Hitlerdeutschland" 18
Politisch-soziale Ereignisse nach 1932 22
2.3 Angaben und Erläuterungen zu wesentlichen Werken 24

3. TEXTANALYSE UND -INTERPRETATION 28

3.1 Entstehung und Quellen 28
3.2 Inhaltsangabe 32
Erstes Kapitel 32
Zweites Kapitel 33
Drittes Kapitel 34
Viertes Kapitel 35
Fünftes Kapitel 36
Sechstes Kapitel 37
Siebentes Kapitel 38
3.3 Aufbau 40
Die gegenläufige Entwicklung der Hauptschicksale 40
Der Ausbruch aus den Kreisen 43
Die Zahlensymbolik – die Sieben und die Drei 45

3.4 Personenkonstellation und Charakteristiken 51
Georg Heisler 52
Franz Marnet 54
Ernst Wallau 56
Paul Röder 58
Zillich 58
Der Schäfer Ernst 59
3.5 Sachliche und sprachliche Erläuterungen 61
3.6 Stil und Sprache 98
3.7 Interpretationsansätze 102
Ein erster kleiner Sieg über den Nationalsozialismus 102
Geschichte, Landschaft und die Gegenwart des Erzählens 104
Die der Handlung unterlegten Archetypen 107
Der Schäfer Ernst – die Gegenwart des Mythos 108

4. REZEPTIONSGESCHICHTE 110

Der Welterfolg begann in den USA 110
Siegeszug und Verunglimpfungen 112
Die szenische-simultane Anlage führte zu medialen Bearbeitungen 114

5. MATERIALIEN 116

6. PRÜFUNGSAUFGABEN MIT MUSTERLÖSUNGEN 120

LITERATUR 134

STICHWORTVERZEICHNIS 138

1. DAS WICHTIGSTE AUF EINEN BLICK – SCHNELLÜBERSICHT

Damit sich jeder Leser in diesem Band zurechtfindet und das für ihn Interessante gleich entdeckt, folgt hier eine Übersicht.

Im 2. Kapitel wird **Anna Seghers' Leben** beschrieben und auf den **zeitgeschichtlichen Hintergrund** verwiesen:

⇨ S. 10 ff.

→ Anna Seghers lebte von 1900 bis 1983 vor allem in Mainz und Berlin, seit 1933 auf der Flucht vor den Nazis im Ausland (vorwiegend in Frankreich und Mexiko) und nach 1945 wieder in (Ost-)Berlin (DDR), unterbrochen von Auslandsreisen. Sie studierte Kunstgeschichte und Sinologie, war Mitglied des BPRS (Bund Proletarisch-Revolutionärer Schriftsteller) und eine entschiedene Kämpferin für den Sozialismus.

⇨ S. 18 ff.

→ Ihr Roman *Das siebte Kreuz* bildet einen Höhepunkt ihres literarischen Schaffens, aber auch der deutschen Literatur des Exils, und wurde weltweit zu einem Dokument des Kampfes gegen Nationalsozialismus/Faschismus. Es ist eines der Hauptwerke der deutschsprachigen Exilliteratur.

→ Der Roman, außerhalb Deutschlands im Exil entstanden, zeichnet eindringlich und genau die Zustände in Deutschland unter der verbrecherischen Herrschaft der Nazis nach.

Das siebte Kreuz – Entstehung und Quellen:

⇨ S. 28 ff.

Der „Roman aus Hitlerdeutschland“ geht auf ein authentisches Ereignis von 1938 zurück, mit dessen Bearbeitung Anna Seghers einen sich selbst gestellten Auftrag erfüllen wollte. Der gesellschaftliche Querschnitt, den der Roman liefert, sollte eine Analyse des Nationalsozialismus geben und seine Überwindbarkeit beschreiben. Beim Ausbruch des Zweiten Weltkrieges 1939 war der Roman abgeschlossen; erste Kapitel erschienen in Moskau.

Inhalt:

Aus dem Konzentrationslager (KZ) Westhofen fliehen sieben Häftlinge; für sie werden in dem KZ sieben Kreuze errichtet, an denen die Flüchtlinge nach ihrer Gefangennahme gebunden werden sollen. Sechs werden von Polizei und Gestapo gefangen oder sterben auf der Flucht. Ein Kreuz bleibt leer, denn der junge Kommunist Georg Heisler ist, unterstützt von Menschen aller Bevölkerungsgruppen, auf dem Weg ins Ausland. Heislers Flucht wird in sieben Kapiteln beschrieben, die durch verschiedene Orte und unterschiedliche soziale Schichten führen. ⇨ S. 32 ff.

Chronologie und Schauplätze:

Der Roman spielt im Oktober 1937, Schauplätze sind das fiktive KZ Westhofen bei Worms, Rheinhessen, die Städte Mainz und Frankfurt sowie Kostheim und Kastel.

Aufbau:

Der Aufbau folgt drei grundsätzlichen Prinzipien: ⇨ S. 40 ff.

→ Die gegenläufige (reziproke) Entwicklung/Bewegung Himmel und Hölle der Hauptgestalten Georg Heisler und Franz Marnet erinnert an Dantes *Göttliche Komödie*.
→ Für den Aufbau bestimmend sind geometrische Figuren und ihre Bedeutung (Kreise, Dreiecke).
→ Die Sieben als symbolische Zahl bestimmt den Roman.

Personen:

Einige Hauptpersonen in dem figurenreichen Roman sind **die Flüchtlinge:**

⇨ S. 52 f.

Georg Heisler:

→ gilt als stark und verlässlich,
→ keine (moralische) Lichtgestalt, abenteuerlich,
→ trägt einen Heiligennamen.

⇨ S. 56 f.

Ernst Wallau:

→ der geistige Vater der Flucht,
→ für Georg auch eine Art Vaterfigur,
→ bekommt eine politische Biografie.

Die Helfer:

⇨ S. 54 f.

Franz Marnet:

→ wichtige Figur außerhalb des KZs,
→ bemüht sich um Hilfe für Georg,
→ Franz ist ein Gegenpol zu Georg.

⇨ S. 58

Paul Röder:

→ die wichtigste Figur in der Rettungsaktion,
→ ein wahrer Freund,
→ von echter Menschlichkeit und selbstloser Hilfsbereitschaft.

Der Gegner:

⇨ S. 59 f.

Zillich:

→ liebt den Krieg, barbarisch kalt,
→ für die Nazis ein willfähriges Werkzeug.

Die mythische Gestalt:

der Schäfer Ernst: ⇨ S. 59 f.

→ hat scheinbar nichts mit der Flucht zu tun hat,
→ lebt eine bukolische Idylle,
→ Figur, die wie aus mythischen Räumen in die Gegenwart eintritt.

Der Stil und die Sprache der Anna Seghers:

→ der dialektale Einfluss auf den Titel ⇨ S. 98 ff.
→ Die Symboltechnik säkularisiert christliche Begriffe.
→ Märchen, Sagen und Erzählsituationen haben Einfluss auf Sprache und Stil.
→ Die Hochsprache gilt meist sogar für Dialoge, Temporaladverbien fallen auf.

Vier Interpretationsansätze werden dargestellt:

→ Die Wirkung ging vom fiktiven Triumph über den Nationalsozialismus aus. Der Weg in die Freiheit kündigt ein weltliches Jüngstes Gericht an. ⇨ S. 102 ff.
→ Geschichte, Landschaft und Gegenwart des Erzählens ordnen die Handlung in nationalgeschichtliche Zusammenhänge ein.
→ Die Handlung wird von Wiederholungen und unterlegten Archetypen mitorganisiert.
→ Der Schäfer Ernst, dem Mythos ähnlich, steht für die Gegenwart des Mythos.

Anna Seghers (1900–1983)

2. ANNA SEGHERS: LEBEN UND WERK

2.1 Biografie

JAHR	ORT	EREIGNIS	ALTER
1900	Mainz	Am 19. November geboren als **Netti (später: Netty) Reiling**, einziges Kind des jüdischen Kunsthändlers Isidor Reiling und seiner Ehefrau Hedwig Reiling (geb. Fuld).	
1907–1920	Mainz	Besuch einer Privatschule, nach drei Jahren Höhere Mädchenschule. Seit 1917 Gymnasium (Großherzogliche Studienanstalt): Abitur am 5. Februar 1920. Begeistert sich für Märchen, Sagen, Legenden.[1]	6 19
1920–1924	Heidelberg	20. April: Immatrikulation. Studium der Kunstgeschichte und Sinologie. Belegt „Sozialtheorie des Marxismus" bei Emil Lederer, Archäologie, Philosophie und Literatur. Lösung vom jüdischen Glauben. Bibel-Lektüre, Beschäftigung mit Sören Kierkegaard.	19–24
1921/1922	Köln	Zwei Semester Praktikum am „Ostasiatischen Museum".	21

1 Lebenslang wollte sie „das riesendicke Novellen-Sagen-Märchen-Buch" schreiben; der Plan bestand auch während der Arbeit am Roman *Das siebte Kreuz*, erschien ihr aber unter den Bedingungen „ganz zweifelhaft". Vgl. Seghers, *Briefe 1926–1952*, S. 49.

JAHR	ORT	EREIGNIS	ALTER
1923	Heidelberg	László Radványi (1900–1978) alias Johann Schmidt, ein ungarischer Soziologe und Wirtschaftswissenschaftler, ihr späterer Mann, kommt im Wintersemester 1920/21 und promoviert bei Karl Jaspers über *Der Chiliasmus. Ein Versuch zur Erkenntnis der chiliastischen Idee und des chiliastischen Handelns*. Sie wendet seine Erkenntnisse u. a. im *Siebten Kreuz* an.[2] Intensive Beziehung zu den Werken Heines, Georg Büchners und Kleists.	22
1924	Heidelberg	4. November: Promotion zum Dr. phil. mit der Arbeit *Jude und Judentum im Werke Rembrandts*. In der Weihnachtssondernummer der *Frankfurter Zeitung und Handelsblatt* erste Erzählung: *Die Toten auf der Insel Djal* von Antje Seghers (erstmals das Pseudonym).	23
1925	Mainz Berlin	Heirat mit László Radványi. Ende August: Umzug, ihr Mann wird organisatorischer Leiter der MASCH (Marxistische Arbeiterschule).	24
1926	Berlin	29. April: Geburt des Sohnes Peter.	25
1927	Frankfurt	*Grubetsch* in der *Frankfurter Zeitung* in Fortsetzungen gedruckt.	27
1928	Berlin	28. Mai: Geburt der Tochter Ruth. Eintritt in die KPD. *Aufstand der Fischer von St. Barbara,* erste Buchveröffentlichung, erscheint im Gustav Kiepenheuer Verlag. Kleist-Preis auf Vorschlag Hans Henny Jahnns.	27

2 Chiliastische Vorstellungen, also den Glauben an das Ende der gegenwärtigen Welt in der konkreten Form des KZ und des Faschismus, prägen die Häftlinge in der Rahmenhandlung; sie glauben an die Überwindung des Gegenwärtigen und die Erschaffung eines menschenwürdigen Daseins. Die Verkörperung des Chiliasmus im Roman ist der Schäfer Ernst.

JAHR	ORT	EREIGNIS	ALTER
1929	Berlin Skandinavien London	Mitglied des BPRS (Bund Proletarisch-Revolutionärer Schriftsteller); Sommer: Urlaubsreise mit ihrem Mann. 3. Dezember: auf Einladung des P.E.N.-Clubs.	28 29
1930	Charkow	Teilnahme an der II. Internationalen Konferenz proletarischer und revolutionärer Schriftsteller (gemeinsam mit Becher, Kisch, Renn, Weiskopf u. a.), Rundreise durch die Sowjetunion.	29
1932	Berlin-Lichterfelde	31. März: Austritt aus der jüdischen Kirche. Wahl in die Leitung des BPRS.	31
1933	Berlin Schweiz Frankreich Paris	Verhaftung, kommt nach Stunden als ungarische Staatsbürgerin (durch Heirat geworden) frei. Sie versteckt sich in Berlin und flieht dann über Stuttgart in die Schweiz. Hilfe durch Kurt Kläber. Trifft dort Brecht. Flucht zuerst ohne die Kinder, die dann von den Großeltern nach Straßburg gebracht werden. Wohnung bis 10. Juni 1940 im Pariser Vorort Bellevue, Meudon. Vorträge über Literaturgeschichte an den Einrichtungen der Volksfront, die ihr Mann leitete, Mitherausgeberin der *Neuen Deutschen Blätter* (1933–35, Prag). Beteiligt sich an der Neugründung des *Schutzverbandes Deutscher Schriftsteller (SDS)*, in dessen Vorstand und Präsidium sie später gewählt wurde.	32
1934	Österreich	Wien u. a. Orte der Februarkämpfe; unterwegs auf den Spuren des Arbeiterführers Koloman Wallisch.	33

JAHR	ORT	EREIGNIS	ALTER
1935	Belgien Paris	Wanderung durch Bergbaugebiete (Borinage). 21.–25. Juni: Teilnahme am *I. Internationalen Schriftstellerkongress zur Verteidigung der Kultur*. Rede *Vaterlandsliebe*. Begegnungen mit Interbrigadisten.	34
1937	Madrid	Teilnahme am *II. Internationalen Schriftstellerkongress* im republikanischen Spanien: Valencia–Madrid–Barcelona. Spanischer Bürgerkrieg.	36
1938/ 1939	Paris Moskau **Paris**	*Außerordentlicher Internationaler Schriftstellerkongress.* Juni–März: Briefwechsel mit Georg Lukács zur Realismus- / Expressionismus-Debatte in der *Internationalen Literatur*. **Arbeit am *Siebten Kreuz* und Abschluss.** 1. September: Beginn des Zweiten Weltkrieges.	38
1940	Paris	Flucht nach Südfrankreich, nachdem sie sich zuvor in Paris versteckt hielt, ihr Mann wird interniert in Le Vernet, Tod des Vaters.	39
1941	Marseille Santo Domingo Ellis Island USA	24. März–30. Juni: Flucht auf dem Transportschiff *Paul Lemerle* nach Martinique, Zwischenaufenthalte in Oran, Casablanca, Weiterreise über die Dominikanische Republik nach New York. 16. Juni: Einreise in die USA an Bord der *SS Borinquem*, kein Bleiberecht für die USA.	40

JAHR	ORT	EREIGNIS	ALTER
1941	Mexiko	25. Juni: Abfahrt nach Mexiko mit der *SS Monterey*, über Kuba nach Veracruz, mit der Bahn nach Mexiko. Gründung der Zeitschrift *Freies Deutschland*, Präsidentin des Heinrich-Heine-Klubs (1941–1946).	40
1942	Piaski bei Lublin (Polen) Boston Mexiko	März: Deportation der Mutter und anderer Verwandter ins KZ und Ermordung. ***The Seventh Cross*. Translated from the German by James A. Galston (Little, Brown and Co.).** ***Das siebte Kreuz* (dt., Verlag El Libro Libre).**	41
1943	Mexiko	25. Juni: schwerer Unfall, der auch für ein Attentat gehalten wird (Bodo Uhse u. a.).	42
1943/ 1944	**USA Hollywood**	**Verkauf der Film-Story *Das siebte Kreuz* an Metro-Goldwyn-Mayer. Verfilmung durch Fred Zinnemann.**	43
1946	Berlin	Erstmals erscheint *Das siebte Kreuz* in Deutschland (Aufbau-Verlag).	45
1947	 Berlin Darmstadt Berlin	Rückreise aus Mexiko über New York, Stockholm und Paris. 22. April: Anna Seghers kehrt allein nach Berlin zurück, ihr Mann folgt ihr erst 1952. 20. Juli: Georg-Büchner-Preis. Rede auf dem I. Deutschen Schriftstellerkongress.	46
1948	Sowjetunion Wrocław	Reise im April/Mai. August: Teilnahme am Weltkongress der Kulturschaffenden.	47
1949	Paris / Prag	Teilnahme am Weltfriedenskongress. Gründung der beiden deutschen Staaten.	48

JAHR	ORT	EREIGNIS	ALTER
1950	Berlin	Mitglied des Weltfriedensrates, Gründungsmitglied der Deutschen Akademie der Künste der DDR. Juni: Eröffnungsrede auf dem II. Deutschen Schriftstellerkongress.	49
1951	China Berlin	Reise. Nationalpreis 1. Klasse; Internationaler Stalin-Friedenspreis. 5. Plenum des ZK der SED eröffnet den „Kampf gegen den Formalismus in der Kunst und Literatur".	50
1952	Berlin	Wahl zur Präsidentin des Schriftstellerverbandes. VEB Röhrenwerk Neuhaus bekommt den Ehrennamen „Anna Seghers". Lesereise nach Bayreuth und München.	51
1954	Moskau	Teilnahme am II. sowjetischen Schriftstellerkongress. Studien zu L. Tolstoi.	53
1956/1957	Berlin	IV. Deutscher Schriftstellerkongress. S. versucht während des Ungarn-Aufstandes, Georg Lukács zu helfen. Prozess gegen Walter Janka: Anna Seghers versucht erfolglos, sich bei Walter Ulbricht für Janka einzusetzen, bei Ministerien vorstellig zu werden, betrieb eine Resolution an das ZK der SED.[3]	56
1959	Jena	Ehrendoktor der Universität Jena, Nationalpreis der DDR 1. Klasse.	58
1960	Berlin	Vaterländischer Verdienstorden in Gold.	59
1961	Berlin Brasilien	Rede auf dem V. Deutschen Schriftstellerkongress. Schiffsreise, Begegnung mit Jorge Amado.	60

3 Vgl. Bernhardt, *Mühen und Niederlagen*, S. 87.

JAHR	ORT	EREIGNIS	ALTER
1962	Leipzig Frankreich	2.–4. Juni: Teilnahme an der „Arbeitstagung über Fragen der Romantikforschung", organisiert von Hans Mayer. Lesereise, auch in die Bundesrepublik Deutschland.	61
1963	Liblice/ĈSSR Brasilien	Teilnahme an der Kafka-Konferenz. Zweite Reise nach Brasilien.	62
1965	Berlin und Weimar	14.–22. Mai: Internationales Schriftstellertreffen; Karl-Marx-Orden.	64
1971		Nationalpreis I. Klasse.	70
1973	Berlin	Begrüßungsrede auf dem VII. Deutschen Schriftstellerkongress (seitdem: Schriftstellerverband der DDR).	72
1975	Berlin	Ehrenbürgerschaft; Preis des Weltfriedensrates.	74
1977	Mainz	Schwere Krankheit, Universität Mainz verleiht ihr die heftig umstrittene Ehrenbürgerschaft.	76
1978	Berlin	3. Juli: Tod ihres Mannes László Radványi; Ehrenpräsidentin des Schriftstellerverbandes der DDR.	77
1981	Schwerin Mainz	11. April: Premiere der Bühnenfassung des Romans *Das siebte Kreuz.* Ehrenbürgerschaft in ihrer Heimatstadt.	80
1983	Berlin	1. Juni: Tod; Staatsakt. Beisetzung auf dem Dorotheenstädtischen Friedhof.	82
1991	Berlin, Mainz	Gründung der Anna-Seghers-Gesellschaft.	

Wie wurde aus der **Kunsthistorikerin Netty (Netti) Reiling** die **Schriftstellerin Anna Seghers?** 1924 erschienen Netty Reilings Dissertation und die erste Veröffentlichung von A. Seghers: *Die Toten auf der Insel Djal*. Der Text trug den Untertitel „Eine Sage aus dem Holländischen, nacherzählt von Antje Seghers“[4]. Anna Seghers bezeichnete die Namensgebung als Zufall und berief sich auf die

Pseudonym Antje Seghers

> „gruslige oder grausliche Geschichte von einem holländischen Kapitän. Ich schrieb sie in der Ich-Form, als ob dieser Kapitän mein Großvater war. Ich musste ihm ja auch einen Namen geben. Auf der Suche nach einem holländischen Namen kam ich auf Seghers, das ist ein Grafiker aus der Rembrandt-Zeit (...)“[5].

Im Studio des Kunsthistorikers Wilhelm Fraenger (1890–1964), der während Anna Seghers' Studium lehrte, hing der flechtenkranke Baum des Hercules Seghers, und der Kunstwissenschaftler arbeitete zudem über Hercules Segers (oder Seghers).[6] Von Fraenger stammte auch die Beschreibung der Seghers: „‚Sie hat die Grazie einer javanischen Tempeltänzerin (...) welche sich ausruht.‘“[7] Anna Seghers erkannte allerdings keine „besondere Bedeutung Fraengers für sich“ an und wollte damit „wohl auch Spekulationen über ihre Beziehungen zu dem genialischen Kreis um ihn und über ihre Affinität zu einem Hercules Segers Fraenger'scher Interpretation unterbinden“[8].

---

4 Frankfurter Zeitung und Handelsblatt. Frankfurt/M. 69, 1924. Sondernummer Weihnachten 1924. Der Text erschien erst wieder 1985 als Präsent des Aufbau-Verlages anlässlich des 85. Geburtstages der Autorin.

5 Christa Wolf: *Bei Anna Seghers*. In: Dies.: Lesen und Schreiben. Aufsätze und Betrachtungen. Berlin und Weimar: Aufbau-Verlag, 1972, S. 127 f.

6 Fraengers Buch über Hercules Seghers erschien 1922; das Buch wurde zu einem Kultbuch. Fraenger setzte seine Arbeit, in der er Hercules Seghers' Beziehungen zu Rembrandt, der als eine Art Schüler Seghers' gelten kann, untersuchen wollte, nicht fort. Anna Seghers aber promovierte 1924 über Rembrandt.

7 Carl Zuckmayer, zitiert nach: Batt, Über Anna Seghers, S. 27.

8 Zehl Romero, *Anna Seghers*, Bd. 1, S. 118.

2.2 Zeitgeschichtlicher Hintergrund

ZUSAMMENFASSUNG

- → Der „Roman aus Hitlerdeutschland“, eines der Hauptwerke der deutschsprachigen Exilliteratur, zeigt eine detaillierte soziale Schichtung und hat einen breiten politischen und geistesgeschichtlichen Hintergrund, der das erste Drittel des 20. Jahrhunderts umfasst. Er erklärt sich aus dem außergewöhnlichen Leben der Autorin.
- → Die Handlung konzentriert sich auf die ersten Jahre des deutschen Faschismus[9] und liegt vor Ausbruch des Zweiten Weltkrieges, bezieht jedoch andere historische Ereignisse (Spanischer Bürgerkrieg) ein.
- → Politische Konflikte und Widersprüche, die Zeitgenossen in dem Roman sahen, ergaben sich aus einem unterstellten Fatalismus des Romans.
- → Der Unterschied zwischen Wirklichkeit und literarischer Abbildung ließ einen Optimismus entstehen, der die zeitliche Aktualität ins Symbolische erhob.

Der „Roman aus Hitlerdeutschland“

Das Leben der Anna Seghers verlief unter außergewöhnlichen Umständen und in gegensätzlichen gesellschaftlichen Verhältnissen: Geboren im deutschen Kaiserreich, hatte sie erste literarische Erfolge in der Weimarer Republik, floh vor den Faschisten und erreichte Weltruhm im Exil, ehe sie nach dem Krieg in ein Deutschland der Besatzungszonen zurückkehrte, die Gründung zweier deutscher Staaten erlebte und in der DDR ihrer Idee vom

---

9 Faschismus und Nationalsozialismus werden, wie es zu jener Zeit üblich war, synonym gebraucht.

Sozialismus und Kommunismus treu blieb. Der unmittelbare zeitgeschichtliche Inhalt des Romans sind der deutsche Faschismus und seine Verbrechen vor Beginn des Zweiten Weltkrieges.

Irrfahrt durch viele Länder

Das Leben der Anna Seghers vollzog sich aber auch vor einem bestimmten regionalen Panorama: Geboren in Mainz im Großherzogtum Hessen-Darmstadt, studierte sie in Heidelberg, wurde in Berlin Schriftstellerin und floh von dort 1933 über die Schweiz nach Frankreich. Eine Irrfahrt führte sie über viele Länder in die USA und nach Mexiko, spätere Reisen führten in die Sowjetunion, nach China und Brasilien, um nur einige Stationen zu nennen.

Mainzer Geschichte als Weltgeschichte

Auch wenn sich die Betrachtung des zeitgeschichtlichen Hintergrunds nur auf den Roman *Das siebte Kreuz* konzentriert, kommt eine dritte Ebene hinzu, der historische Hintergrund, den Anna Seghers nie aus den Augen verlor: Mainz – ihre rheinhessische Heimatstadt – verkörperte für sie auch Weltgeschichte. Mainz war Residenz von Erzbischöfen und Kurfürsten und Grenzregion zu Frankreich; die kurzlebige Mainzer Republik wurde durch die Französische Revolution von 1789 ausgelöst. Mainz stand jedoch auch für Limes und Römerherrschaft: „Aber nicht den Adler und nicht das Kreuz hat die Stadt dort unten im Wappen behalten, sondern das keltische Sonnenrad, die Sonne, die Marnets Äpfel reift." (13) In dieser Gegend lagerten vor 2000 Jahren die Römer und „mit ihnen alle Götter der Welt" (13). Zeitgeschichte, Land und Historie gingen in den Werken der Seghers eine unlösbare Einheit ein und schufen eine sozial, politisch und geistesgeschichtlich geprägte Wirklichkeit.

Weltweiter Erfolg

Der „Roman aus Hitlerdeutschland", so der Untertitel der Erstausgabe und der Werkausgaben[10], gehört zu den größten deutschen Bucherfolgen aller Zeiten. Wenn man bedenkt, dass die

---

10 Zeitweise wurde *Das siebte Kreuz* nur als Roman bezeichnet.

Wirkungsbereiche des Romans, die deutschsprachigen Gebiete, ihm bei seiner Erstveröffentlichung versperrt waren, da sie von den Nazis kontrolliert wurden, dass der Roman also durch Übersetzungen und in der Verfilmung zu wirken begann, ist der Erfolg noch höher anzusetzen. Noch erstaunlicher ist, wie Anna Seghers trotz der Trennung von ihrer Heimat, aus der Entfernung und dem zeitlichen Abstand ein in jeder Hinsicht differenziertes Bild – ob politisch, sozial, regional und zeitgenössisch – von „Hitlerdeutschland“ bietet. – Jedoch hat der Roman nicht nur Zustimmung gefunden. Walter Ulbricht, Staatsratsvorsitzender der DDR, soll in der Nachkriegszeit Sorgen mit ihm gehabt haben, auch die sowjetischen Verbündeten, wie Walter Janka berichtete. Sie waren „wegen des herausgelesenen Fatalismus enttäuscht. Sie alle hätten es lieber gesehen, wenn dieser Roman nie geschrieben worden wäre“[11].

Hitler-Stalin-Pakt

Zum *Siebten Kreuz* gehört ein Vorgang, der Anna Seghers in **Konflikte mit ihrer politischen Überzeugung** brachte. Im Juni 1939 wurden erste Kapitel auf Betreiben Johannes R. Bechers, der die Seghers für „talentiert“ und „begabt“ hielt und sie so seinen Lesern empfahl[12], in der Moskauer *Internationalen Literatur* veröffentlicht. Becher wollte den Lesern einen Überblick zur deutschen Exilliteratur verschaffen. Der Nichtangriffspakt zwischen Deutschland und der Sowjetunion 1939, das viele aus Deutschland geflohene Kommunisten vor den Kopf stoßende Bündnis zwischen Hitler und Stalin, zwang Becher, den Abdruck des *Siebten Kreuzes* nach den ersten Kapiteln in Heft 6 bis 8, außerdem Feuchtwangers *Exil*, kommentarlos einzustellen. Das faschistische Deutschland,

---

11 Walter Janka: *Spuren eines Lebens*. Reinbek bei Hamburg: Rowohlt, 1992, S. 260.
12 Vgl. Johannes R. Becher: *Im Exil*. In: Gesammelte Werke, Band 16, Berlin und Weimar: Aufbau-Verlag, 1978, S. 666.

der neue Bündnispartner, durfte auf Geheiß der Sowjets nun nicht mehr gebrandmarkt werden.[13] In Paul Röders Argumenten im Roman schlägt sich die Verunsicherung der deutschen Linken – „in deinem Russland haben sie's auch nicht geschafft" – über diesen Pakt nieder (239). Der Roman nahm seine Figuren fast ausschließlich aus dem proletarischen und kleinbürgerlichen Milieu. *Das siebte Kreuz* blieb so, wie sein erstes eröffnendes Wort „vielleicht" es ankündigte: vieldeutig, in mancher Hinsicht absichtlich unscharf, im Titel einen Mythos ansprechend. Es war die Differenz zwischen Wirklichkeit – die scheinbare Allmacht des Faschismus – und Hoffnung – die Allmacht besiegen zu können –, die dem Roman Unsterblichkeit brachte, indem die gelungene Flucht Heislers zum Sinnbild der Überwindung jedes demagogischen oder verbrecherischen Regimes wurde.

---

13 Vgl. dazu: Jens-Fietje Dwars: *Abgrund des Widerspruchs. Das Leben des Johannes R. Becher.* Berlin: Aufbau-Verlag, 1998, S. 472.

Politisch-soziale Ereignisse nach 1932

1932	Konferenz von Lausanne: Deutsche Reparationsverpflichtungen (Erster Weltkrieg) faktisch aufgehoben
	Seghers wird in die Leitung des BPRS gewählt.
1933	30. Januar: Hitler wird von Hindenburg zum Reichskanzler ernannt.
	7. Februar: Seghers wird zur Delegierten für die Generalversammlung des SDS ernannt.
	27. Februar: Reichstagsbrand, Massenverhaftungen, Flucht Seghers' über Stuttgart in die Schweiz
	Erste Märzhälfte: Seghers in der Schweiz, trifft Brecht.
	10. Mai: öffentliche Bücherverbrennung in Deutschland
	Mai: Neugründung des Schutzverbandes Deutscher Schriftsteller (SDS)
	14. Juli: NSDAP ist in Deutschland die einzige Partei.
1934	Februar: Bewaffneter Widerstand österreichischer Arbeiter gegen das reaktionäre Dollfuß-Regime
	30. Juni: Röhm-Putsch und Ausschaltung der SA; SS wird zur herrschenden Terrororganisation.
1935	I. Internationaler Schriftstellerkongress zur Verteidigung der Kultur in Paris
1936	7. März: Einmarsch deutscher Truppen in die entmilitarisierte Rheinlandzone
	18. Juli: Beginn des Spanischen Bürgerkrieges
1937	26. April: Bombardierung der spanischen Stadt Guernica durch die deutsche Luftwaffe

1938	Januar–Mai: Anna Seghers schreibt die *Sagen von Artemis.*
	12./13. März: Einmarsch der Nazis in Österreich, sogenannter „Anschluss"
	Mai–Jahresende 1939: Anna Seghers schreibt den Roman *Das siebte Kreuz.*
	25. Juli: Außerordentliche Konferenz der Internationalen Schriftstellervereinigung zur Verteidigung der Kultur
	29./30. September: Münchner Abkommen ermöglicht Deutschland die Okkupation in Böhmen und Mähren.
	9./10. November: „Reichskristallnacht" – Terroraktionen gegen die jüdische Bevölkerung in Deutschland, Vernichtung der Synagogen
1939	28. März: In Spanien fällt Madrid, die Reaktion unter Franco siegt. Ende der Republik
	21. August: Nichtangriffspakt zwischen Deutschland und der Sowjetunion
	1. September: Beginn des Zweiten Weltkrieges mit dem Überfall Deutschlands auf Polen
1940	27. September: Dreimächtepakt zwischen Deutschland, Japan und Italien. Ausweitung der Kriegshandlungen
1941	22. Juni: Überfall des faschistischen Deutschland auf die Sowjetunion
1942	23. September: *Das siebte Kreuz* wird in englischer Sprache in den USA ausgeliefert.

2.3 Angaben und Erläuterungen zu wesentlichen Werken

ZUSAMMEN-FASSUNG

- → Trotz Lob von Literaturkritikern und bedeutender Auszeichnungen vor 1933 (Kleist-Preis) brachte erst der Roman *Das siebte Kreuz* für Seghers den großen und bleibenden Erfolg.
- → Methodisch bereitete die Autorin den Roman durch dokumentarisch gesicherte Porträts aus „Hitler-Deutschland“[14] vor.
- → Einige Figuren (Zillich, Wallaus Schwester u. a.) wurden von früheren Werken in den Roman eingebracht, ihre Schicksale über den Roman hinaus in späteren Texten weitergeführt.

Mord im Lager Hohenstein (1933)

Anna Seghers hatte bereits vor *Das siebte Kreuz* viel beachtete Texte geschrieben *(Aufstand der Fischer von St. Barbara)*, war 1928 sogar Kleist-Preisträgerin geworden, aber der Durchbruch zu internationalem und später deutschem Ruhm gelang erst mit ihrem Exilroman. Dazu gab es spezielle methodische Vorarbeiten. 1933 erschienen in einer Broschüre in Moskau Texte, die ein Peter Conrad verantwortete, ein Name, hinter dem sich möglicherweise[15] Anna Seghers verbarg. In diesen Texten wurde die Zerstörung des alltäglichen Lebens in Deutschland durch die Nazis beschrieben. Die Geschichte *Das Vaterunser* beschrieb das Schicksal von Antifaschisten in einer SA-Kaserne, und die Titelgeschichte *Mord im*

---

14 Seghers, *Briefe 1924–1952*, S. 25.
15 Vgl. Zehl Romero, *Anna Seghers*, Bd. 1, S. 246.

Lager Hohenstein berichtete vom Martyrium und Tod des KZ-Häftlings Fritz Gumpert.[16] Danach bemühte sich Anna Seghers um ein *Totenbuch* (1936) und eine nicht verwirklichte Sammlung von Porträts von „etwa 40–50 Toten aus Hitler-Deutschland" (1936).[17] Berichte sollten zu Porträts lebendiger Menschen werden; aus dem Dokument sollte Kunst werden. Die Schaffensmethode der Autorin verschob sich im Folgenden vom Dokumentarischen „zugunsten einer fiktionalen Schreibweise"[18]. Das war die Methode, die sie für *Das siebte Kreuz* verwandte. Zuvor hatte sie das Verfahren bereits im Roman *Der Kopflohn. Roman aus einem deutschen Dorf im Spätsommer 1932* (1933) eingesetzt und es auf die Bauernschaft angewendet. Der entscheidende Unterschied zum Roman *Das siebte Kreuz* besteht in der Ausweglosigkeit des Geschehens, der Unterwerfung unter den Faschismus und einer pessimistischen Haltung, die keinen Widerstand kennt. Der SA-Mann Zillich, der sich bereits in *Der Kopflohn* in einen Blutrausch hineinsteigert, tritt in *Das siebte Kreuz* wieder auf.

Der Kopflohn (1933)

---

16 *Mord im Lager Hohenstein. Berichte aus dem Dritten Reich.* Moskau: Verlagsgenossenschaft ausländischer Arbeiter in der UdSSR 1933, auch in Zeitschriften veröffentlicht. Vgl. Stephan 1997, S. 18 u. 298.
17 Vgl. ebd., S. 12.
18 Vgl. ebd., S. 21.

ANNA SEGHERS' ARBEITSWEISE BEIM ROMAN *DAS SIEBTE KREUZ*

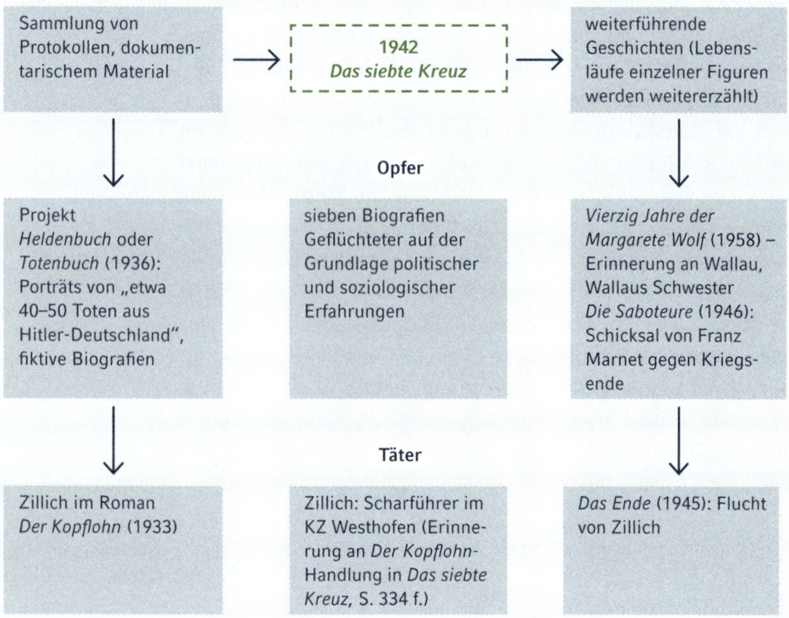

Das Ende (1945)

Nach dem Zweiten Weltkrieg wurden Handlungsstränge des Romans weitergeführt: Zuerst beschrieb Anna Seghers in der Erzählung *Das Ende* (1945) Flucht und Ende des SA-Scharführers im fiktiven KZ Westhofen Zillich, der somit vom Roman *Der Kopflohn* über *Das siebte Kreuz* bis in diese Erzählung agiert. Im Unterschied zu Flüchtlingen wie Heisler und Wallau und ihren Helfern Franz Marnet und Paul Röder im *Siebten Kreuz* wird er als eine Hauptgestalt der Gegner eher zum Typ als zur Figur. In den *Vierzig*

Jahren der Margarete Wolf (1958) – der Titel klingt wie eine Anlehnung an Franz Werfels Roman *Die vierzig Tage des Musa Dagh* (1933) – geht Anna Seghers dem Schicksal der Schwester Wallaus nach. Im *Siebten Kreuz* wird Margarete Wolf im Verhör Wallaus (184) genannt, sie wird wegen Fluchtbegünstigung verhaftet. In der Erzählung *Die Saboteure* (1946) wird das Schicksal Franz Marnets, Hermanns und Kreß' verfolgt, auch das von Figuren aus dem Roman *Transit*. Franz Marnet führt weiter, was im letzten Kapitel des *Siebten Kreuzes* zu ahnen ist: Beflügelt von Lotte, der wiedererkannten Jugendliebe, führt er den Widerstand weiter. Als der Krieg gegen die Sowjetunion ausbricht, entschließt sich Franz mit zwei Freunden zur Sabotage. Der Verfolgung entgeht er durch den Krieg, gilt als vermisst, überlebt aber in Gefangenschaft.

3. TEXTANALYSE UND -INTERPRETATION

3.1 Entstehung und Quellen

ZUSAMMEN-FASSUNG

Die Entstehung geht auf Erlebnisse und Erfahrungen der Autorin zurück, die sie hatte oder die ihr von Zeugen zugetragen wurden. Wichtig wurde die Übertragung dokumentarischer Zeugnisse in fiktives Romangeschehen. Als literarisches Modell für die soziale Schichtung im Deutschland der Nationalsozialisten, die der Roman analysierte, diente Anna Seghers der Roman *Die Verlobten* von Alessandro Manzoni.

Erste KZ-Berichte

Bereits kurz nach der Machtergreifung durch die Faschisten erschienen im Ausland Berichte aus Konzentrationslagern und über dort begangene Verbrechen, so 1933 Hans Beimlers *Mörderlager Dachau*. Als der KPD-Politiker Beimler im Spanischen Bürgerkrieg fiel, widmete ihm Anna Seghers einen engagierten Nachruf. Bodo Uhse, Freund und Mitstreiter Seghers‘ in Mexiko, erinnerte sich 1950 an Gespräche im belagerten Madrid 1937, in denen die Autorin die Arbeit an dem Roman „wie einen **Auftrag**, wie die Erfüllung einer gewiss selbstverständlichen und schweren Pflicht, einer inneren und äußeren Notwendigkeit folgend“ annahm.[19] 1938 plante Anna Seghers „einen kleinen Roman“ nach einer Begebenheit, „die sich vor kurzem in Deutschland zutrug“[20]. Im Mai 1938

---

19 Bodo Uhse: *Wünsche und* Erinnerungen. *Einer Freundin zum fünfzigsten Geburtstag*. In: Ders.: Gestalten und Probleme. Berlin: Aufbau-Verlag, 1959, S. 469.

20 Anna Seghers: *Brief an Iwan I. Anissimow vom 23. 9. (1938)* (d. i. der Leiter des Staatsverlages für ausländische Literatur in der Sowjetunion). In: Dies.: Kunstwerk und Wirklichkeit, Bd. 2, S. 16. Ähnlich formulierte sie im Juli 1938 an Alfred Kurella: „ein kleines Buch, einen kleineren Roman“, vgl. Seghers, *Briefe 1924–1952*, S. 49.

begann sie in Paris mit der Ausarbeitung. Zuerst nannte Seghers den entstehenden Text „Novelle Henker", dann „Novelle/d. letzte Kreuz"[21], wobei Anna Seghers zwischen den epischen Genres keine scharfen Grenzen zog. Die Angabe „Novelle" bezog sich auf den Umfang, aber auch auf die „sich ereignete unerhörte Begebenheit" (Goethe), die eine Novelle auszeichnen soll, und das sie organisierende **Leitmotiv/Dingsymbol**: Hier sind es die geglückte Flucht und das siebte Kreuz. Gespräche mit Freunden – Gerhart Eisler und Alexander Abusch[22] – bestätigten die Autorin in ihrem Vorhaben. In einem Brief an den Redakteur der Exilzeitschrift *Das Wort* Fritz Erpenbeck – betonte Seghers, dass der Roman „unter engster Mitarbeit unserer hiesigen Freunde", die den „Inhalt schon kennen"[23], entstünde.

Arbeitstitel „Novelle Henker"

Ein Häftling, der sich ins Ausland retten konnte, hatte ihr erzählt, dass ein Lagerkommandant eines KZ auf die Idee mit dem Kreuz gekommen sei, das man aus einer Platane geschlagen habe.[24] Anna Seghers hatte zu dieser Zeit im Exil noch Verbindung in ihre Heimatstadt Mainz und bekam von dort unmittelbare Informationen. Anna Seghers hatte sich zudem von Besuchern in Paris die Zustände in Deutschland schildern lassen, Informationen brieflich bekommen und in Gesprächen lokale und regionale Kenntnisse aufgefrischt. Besondere Hilfe bekam sie von Lore Wolf, die ihr über die Verhältnisse in Frankfurt Auskünfte gab. Da sie bei der Firma Pokorny gearbeitet hatte, ist so auch dieser Betrieb in den Roman gekommen. Das alles weist auf die Arbeitsweise von Seghers hin: Gespeist wurde die Phantasie der Schriftstellerin von

Dokumentarisches Material als Grundlage

---

21 Vgl. Zehl Romero, *Anna Seghers*, Bd. 1, S. 337.
22 Vgl. Alexander Abusch: *Literatur im Zeitalter des Sozialismus*. Berlin: Aufbau-Verlag, 1967, S. 220.
23 Seghers, *Briefe 1924–1952*, S. 54.
24 Stephan 1997, S. 24.

Die geflohenen KZ-Häftlinge sollen durch Kreuze gedemütigt werden – Szene aus dem Film „The Seventh Cross" (USA 1944) © Cinetext

dokumentarischem Material. Als der Zweite Weltkrieg ausbrach, war der Roman abgeschlossen. Bereits die ersten Kapitel, 1939 in Moskau veröffentlicht, erregten Aufsehen.

Anna Seghers selbst hat auf das Vorbild Alessandro Manzonis *Die Verlobten* (1827)[25] als Vergleichsgegenstand für die soziale Schichtung hingewiesen, Christa Wolf hat es bestätigt: Seghers wollte mit einem einzigen Schnitt „in das Innere dieser faschistischen Gesellschaft eindringen, es bloßlegen, wie es der Italiener

25 Seghers, *Glauben an Irdisches*, S. 367.

Manzoni[26] in seinem Roman *Die Verlobten* mit der italienischen Gesellschaft seines Jahrhunderts macht“[27]. In Schicksalen einfacher Menschen sollte der Nationalcharakter eines Volkes deutlich werden. Während der Entstehungszeit selbst las Anna Seghers im November 1938 indessen Pearl S. Buck (1892–1973; Nobelpreis 1938)[28], was in erster Linie den Interessen der Autorin für China und ihren ethischen Grundprinzipien entsprach.

Manzonis *Die Verlobten*

Über die Entstehungsgeschichte und das abenteuerliche Schicksal des Manuskriptes gab Anna Seghers wiederholt Auskunft, die variierte.[29] Während Kopien des Manuskriptes verloren gingen, durch Razzien in Paris, Bombenangriffe und Flucht, lag ein Exemplar bereits bei F. C. Weiskopf in New York.[30] Der besorgte für das Manuskript einen Verlag. Gerüchte besagten, Hanns Eisler würde die Filmmusik für *Das siebte Kreuz* schreiben, was sich als falsch erwies.

---

26 Alessandro Manzoni wurde 1935 von Anna Seghers am Ende ihrer Pariser Rede mit einem Gedicht zitiert. Später berief sie sich mehrfach auf ihn, auch nach dem *Siebten Kreuz*. Dabei war ihr der italienische Autor sowohl in seiner Volksverbundenheit als auch in seiner handwerklichen Präzision Beispiel. Vgl. Wagner, *Kurs auf die Realität*, S. 126 f.

27 Christa Wolf: *Glauben an Irdisches*. In: Dies.: Lesen und Schreiben. Aufsätze und Betrachtungen. Berlin und Weimar 1972, S. 99.

28 Vgl. Zehl Romero, *Anna Seghers*, Bd. 1, S. 338.

29 Vgl. Seghers, *Glauben an Irdisches*, S. 366 ff., und Stephan 1997, S. 32 f.

30 Seghers, *Glauben an Irdisches*, S. 367. – Vgl. zum Schicksal der Manuskripte auch: Seghers, *Briefe 1924–1952*, Nr. 37–86.

3.2 Inhaltsangabe

ZUSAMMEN-FASSUNG

Aus dem KZ Westhofen entfliehen im Oktober 1937 sieben Häftlinge. Nur einem von ihnen, Georg Heisler, gelingt es, seinen Häschern zu entkommen. An sieben Platanen werden im KZ Querbretter angenagelt, an denen die Flüchtlinge nach ihrem Ergreifen aufgehängt werden sollen. Nachdem der Plan scheitert, da einem die Flucht gelingt, werden die Platanen gefällt. In sieben Kapiteln, die an sieben Tagen spielen, werden die Flucht der Sieben und das Entkommen Heislers beschrieben.

Erstes Kapitel

Im ersten Kapitel folgt nach einem Prolog, der bereits das Ende andeutet – die geglückte Rettung eines Häftlings aus einem KZ –, die Beschreibung von Landschaft, Geschichte, Menschen und der Flucht Georg Heislers. Franz Marnet, der einmal mit Georg befreundet war, erfährt in der Arbeit von dem Ausbruch. Heislers erster Fluchttag wird beschrieben.

Im Prolog beschreibt ein **Ich-Erzähler** die sieben Kreuze, die im KZ gefällt wurden, weil sie sinnlos geworden sind. Georg Heisler, dessen Name noch nicht genannt wird, hat es in die Freiheit geschafft und wird so zur Hoffnung für die Häftlinge.

Eine Landschaft und ihre Geschichte

An einem „**Montag**morgen“ (18 f.) werden Landschaft (Taunus), Geschichte (Kelten, Römer usw. bis zum Dritten Reich), Mythologie („alle Götter der Welt ... Judengott und Christengott“, 13) und Menschen vorgestellt, zuerst „ein gewisser Franz Marnet“ (11), ein Freund Heislers, dann der Schäfer Ernst. Franz hat vor Jahren auf die politische Bildung Georgs Einfluss gehabt und erfährt in den Höchster Farbwerken, dass im KZ Westhofen Häftlinge ausgebrochen sind, von denen man angeblich die meisten schon habe. „Das ist alles." (22) – Auf der „Flucht" (22), die am Montagmorgen 5.45 Uhr beginnt, verbirgt sich Georg Heisler bei „Nebel" (26) im Moor. Heisler flüchtet, immer in Gefahr, aber auch mit Glück. Die Lagerleitung hat ihren Apparat in Bewegung gesetzt, um die Flüchtigen schnell zu stellen. Als erster wird Beutler gefasst. Georg reißt sich die Hand an einer bewehrten Mauerkrone blutig, flieht mit gestohlenen Schuhen und der Manchesterjacke des Gärtnerlehrlings Fritz Helwig. Er rettet sich hinter einen Holzstoß in einem Dorf, während Pelzer, der zweite Flüchtling, dort aufgegriffen wird. Ein Brauereiauto nimmt Georg in Richtung Mainz mit; der lässt sich im Dom einschließen. – Franz erinnert sich inzwischen an die zehnjährige Bekanntschaft mit Georg, die auch Zerwürfnisse brachte. Georg hat damals Franz die Freundin Elli weggenommen, diese aber nach der Hochzeit schwanger im Stich gelassen.

Zweites Kapitel

Heisler verbringt die Nacht im Dom. Der Pfarrer verhindert seine nachträgliche Entdeckung. Ein jüdischer Arzt behandelt seine Wunde; der ebenfalls entflohene Häftling Belloni begeht in aussichtsloser Lage Selbstmord. Heisler kommt in größte Gefahr, ein anderer wird statt seiner verhaftet. Die Nacht verbringt Georg in einem Schuppen.

Georg bricht nach der Nacht im Dom am **Dienstag**morgen auf. Der Lehrling Fritz glaubt, seine Jacke bald wieder zu bekommen, da man einen der Häftlinge gefasst hat; er ist darüber keineswegs nur froh. – Georgs Schwiegervater Mettenheimer, Ellis Vater, wird von der Gestapo vorgeladen, verhört und danach observiert. – Vom jüdischen Arzt Dr. Löwenstein lässt Georg sich die Schnittwunde an der Hand behandeln. – Kurz darauf stürzt sich Georgs Mithäftling, der Artist Belloni, „im gewöhnlichen Leben Anton Meier“ (105), in Frankfurt nach einer artistischen Flucht von einem Hoteldach in die Tiefe, nachdem seine Lage aussichtslos geworden ist. – Als die Küstersfrau im Dom Georgs Häftlingskleidung findet, verhindert der Pfarrer, dass man den Fund der Polizei übergibt. – Georg tauscht seine Jacke gegen einen Schifferpullover, wird vom Hechtschwänzchen, einem stadtbekannten Sonderling, in größte Gefahr gebracht. – Georg Heislers getrennt lebende Ehefrau Elli erinnert sich an ihren Besuch bei Georg im KZ; inzwischen ist sie mit Heinrich Kübler befreundet, der sie besucht und verhaftet wird, da man ihn für Georg hält. Franz beobachtet das und weiß nun, dass man Georg sucht. – Georg verbringt die Nacht in einem Schuppen am Rhein.

Eine Verwechslung

Drittes Kapitel

Im KZ Westhofen glaubt man, Heisler festgenommen zu haben, entdeckt aber den Irrtum. Die Platanen werden in Kreuze verwandelt. Georg, der sich unter eine Schulklasse mischt und so über den Rhein kommt, sucht bei seiner Freundin Leni vergeblich Hilfe. Wallau wird gefangen genommen und schweigt beim Verhör.

Kübler und Elli sind in der Nacht zum **Mittwoch** nach Westhofen gebracht worden; Kübler, den man für Georg Heisler hält, wird beim Verhör misshandelt. Dann erkennt man die Verwechslung. Sieben Platanen im Lager werden auf Kreuzeshöhe gekappt und durch „Querbretter“ in Kreuze verwandelt. – Heisler entkommt mitten in einer Schulklasse an das andere Ufer des Rheins; die Verfolger sind auf seiner Spur. Ein Ausländer nimmt ihn im Auto bis kurz vor Höchst mit. – Als Fritz Helwig seine Jacke in Westhofen identifizieren soll, will er sie nicht erkennen, um den Flüchtling – es ist Heisler – zu schützen. – Wallau wurde von einem Bekannten verraten und verhaftet; der Verräter Bachmann hängt sich auf. Die Gefangenen erschrecken bei Wallaus Verhaftung wie beim „Einzug Francos in Madrid“ (163), scheint es doch, als sei der Gegner allmächtig. – Der übel zugerichtete Kübler wird von Zeugen, die Heisler kennen, nicht erkannt, Elli wird wieder freigelassen. Sie bekommt eine Kinokarte geschickt. Im Kino trifft sie ihren Ex-Freund Franz, der sich mit ihr verabredet. – Georgs Freundin Leni in Frankfurt-Niederrad, bei der der Flüchtling Zuflucht zu finden hofft, will ihn nicht kennen und weist ihn ab; sie ist inzwischen die Frau eines Nazis geworden. – Wallau „hat seine letzten Worte gesprochen“(184) und schweigt im Verhör, weil er weiß, dass er durch Aussagen unabsichtlich Geheimnisse verraten könnte. In einem inneren Monolog beantwortet Wallau sich die Fragen und legt Rechenschaft über sein Leben ab. – In seiner Hilflosigkeit fällt Heisler die Adresse von Bellonis Schneiderin in Frankfurt, Frau Marelli, ein, wo er Kleidung und Geld bekommt. Auf der Suche nach einem Nachtquartier begleitet Georg eine Prostituierte mit „Totengesicht“ (196), schläft eine Weile, flieht aber auf abenteuerliche Weise, als er sich von Zuhältern bedroht glaubt, an den Main. Georg beschließt auf diesem Tiefpunkt, nicht mehr wie ein „Nachtwandler“ (200) zu fliehen, sondern die Initiative zu übernehmen.

Wallaus Verhaftung

Viertes Kapitel

Die Flucht des Bauern Aldinger macht seinem Denunzianten im Dorf Angst. Frau Marelli, eine Bekannte des Artisten Belloni, wird verhört, Heislers Spur entdeckt. Zwei junge Arbeiter erkennen ihn, verraten ihn aber nicht. Der ebenfalls entflohene Häftling Füllgrabe – er, Aldinger und Heisler sind die letzten Flüchtigen in Freiheit – will ihn in Frankfurt zur Aufgabe überreden. Aber Heisler findet Hilfe bei Röder.

Auch am **Donnerstag** quält den Bürgermeister von Buchenbach Peter Wurz die Angst: Er hat einst den Bauern Aldinger denunziert, der einer der sieben Entflohenen ist. – Bei Frau Marelli kommt die Gestapo Georg auf die Spur, da sie Heislers eingetauschten Seemannspullover findet. – Georg wird in einer Imbiss-Stube (Büfett) in Frankfurt erkannt, aber nicht verraten. Franz trifft Elli in der Markthalle beim Kauf von Äpfeln und verständigt sich mit ihr über ein Treffen. Als Georg auf der Flucht aus der Stadt zufällig den Flüchtling Füllgrabe trifft, „der fünfte der sieben" (219), versucht dieser, Georg zu überreden, sich mit ihm zu stellen, da die Flucht sinnlos geworden sei. Bis auf sie und Aldinger habe man alle anderen wieder. Georg entscheidet sich aber, seinen Schulfreund Paul Röder in Frankfurt-Bockenheim aufzusuchen. Röders Familie lebt zufrieden-bescheiden den nationalsozialistischen Alltag. Dennoch bewährt sich Röder als Freund und gibt Georg Unterkunft. – Franz trifft sich mit Elli in der Markthalle und bringt ihr die dort gekauften Äpfel nach Hause. Elli glaubt, Georg sei in der Stadt. Beiden fällt bei ihren Vermutungen Paul Röder als möglicher Anlaufpunkt Georgs ein. Franz sucht ebenfalls nach Hilfe für Heisler.

Eine Zufallsbegegnung

Fünftes Kapitel

Heislers Mutter sorgt sich um ihren Sohn, Georgs Brüder – zwei sind inzwischen überzeugte Nazis geworden – schirmen sie ab, beurteilen Georgs Flucht aber unterschiedlich. Die Verfolger finden erneut Heislers Spur; Franz' Suche nach Hilfe für ihn verläuft ergebnislos. Aldinger, der sechste Häftling, stirbt vor Erschöpfung, nachdem er es bis in sein Heimatdorf geschafft hat.

Am **Freitag** sorgt sich die Mutter Heislers darum, dass seine Brüder Fritz, Ernst und Heini ihn verraten könnten. Von Heislers drei Brüdern hat sich einer der SA angeschlossen, will aber verhindern, dass Georg zu Hause auftaucht; Heini liebäugelt mit der SS. Der Älteste denkt an Hilfe, aber ihm fällt nichts ein, zumal er keine entsprechenden Beziehungen hat. – Der Lehrling Fritz Helwig wird erneut vorgeladen und ist beunruhigt, dass man ihm die Lüge mit der Jacke nachweisen könnte Trotzdem will er bei seiner Aussage bleiben. – Durch Füllgrabe, der nach seiner Aufgabe im KZ verhört wird, kommen die Verfolger erneut auf die Spur Heislers. – Paul Röder bemüht sich um Georgs Flucht. Menschen, auf die er gesetzt hat, sind entweder ebenfalls im KZ (Schenk) oder halten ihn für einen Spitzel und verweigern sich (Architekt Sauer). Röder gerät selbst in Schwierigkeiten. Die Versteckuche verläuft ergebnislos. – Der Bauer Aldinger kehrt in sein Dorf zurück und stirbt dort mit einem „Blick auf das Tal" (285). – Röder bringt Georg zu einer Tante, der Fuhrunternehmerin Katharina Grabber. Dort kommt er unter schwierigen Umständen unter und erreicht die Grenze des Erträglichen. – Franz erkundigt sich bei der Frau Röders nach ihrem Mann, der aber nicht daheim ist, und erfährt daher nicht die Wahrheit. – Paul sagt nach seiner Rückkehr seiner Frau die Wahrheit über Georg. Die Handlungsstränge von Georg und Franz berühren sich fast.

Röders Suche nach Hilfe

Sechstes Kapitel

Heislers Verfolger sind wütend, weil der Geflohene noch in Freiheit ist. Es folgen weitere Verhöre Ellis und Wallaus. Paul Röder findet die Rettung für Georg Heisler durch Fiedler. Zillich ermordet Wallau. Georg kommt bei Kreß unter, Röder wird vorgeladen.

Die Lagerleitung des KZs ist nervös, da man Georg bis zu diesem **Samstag** nicht gefunden hat. Besonders Scharführer Zillich hat deswegen Sorgen um seine Zukunft. Die Suche wird noch einmal intensiviert. – Elli wird erneut von der Gestapo verhört, aber sie schweigt über seine früheren Bekannten. – Röder sucht nach langem Überlegen Kontakt zu seinem Arbeitskollegen Fiedler, der tatsächlich helfen will. – Nachdem Wallau erneut in einem Verhör schweigt, ermordet ihn Zillich. Bald darauf wird ein Flugblatt verbreitet, dass dieser Mord „am Tage des Gerichts" (342) zu Buche schlagen wird. Auch das Schicksal der anderen aufgefundenen Häftlinge ist besiegelt. – Röder teilt Georg den weiteren Fluchtplan mit: Er soll zu Doktor Kreß, einem ehemaligen Chemielehrer an der Arbeiterabendschule. Der findet durch seine mutige Tat wieder zu Selbstvertrauen und einem verständnisvollen Miteinander mit seiner Frau, die ihm diesen Mut „wirklich nicht zugetraut" (359) hat. – Während Georg in Sicherheit ist, führt man Röder zum Verhör, und Fiedler geht in den Untergrund.

Wallaus Ermordung

Siebentes Kapitel

Nach einer unruhigen Nacht träumt Georg von erneuter Gefangenschaft, bekommt aber von seinen Helfern Anweisungen, Geld und Papiere zur Flucht. Das Ehepaar Kreß bringt ihn nach Kostheim, wo er an Bord gehen soll. – Franz erkennt seine Jugendfreundin Lotte wieder. – Nach der Nacht bei einer Kellnerin kommt Georg durch die Pass-Kontrolle und auf einen Schleppkahn, der ihn nach Holland bringen soll. – Der Ich-Erzähler nimmt den Anfang wieder auf und leitet aus den Ereignissen eine Lebenserfahrung ab.

Georg hat eine unruhige Nacht in Frankfurt-Riederwaldsiedlung bei Dr. Kreß verbracht und versinkt am **Sonntag**morgen in einen Halbschlaf, in dem er von erneuter Gefangenschaft träumt. Von Hermann, einem Freund von Franz, gelangen genaue Anweisungen, Pass und Geld für Georg über Reinhardt und Fiedler, der zu Reinhardt flüchtet, und Fiedlers Frau an den Adressaten. – Röder ist von der Gestapo wieder entlassen worden. – Während im KZ

Westhofen die Lagerleitung abgelöst wird, bringen die Kreß' Georg nach Mainz-Kostheim. – Franz erkennt seine Jugendliebe Lotte wieder, der er schon mehrfach begegnet ist; sie hat sich ihren revolutionären Sinn bewahrt, der nun auch Franz wieder beflügeln wird. – Eine Kellnerin nimmt Georg die letzte Nacht vor seiner Flucht auf. Am **Montag**morgen 5.30 wird sein Pass am Kasteler Brückenkopf kontrolliert. Der Schleppkahn „Wilhelmine", unterwegs nach Holland, wartet auf ihn, genau eine Woche nach dem Ausbruch aus dem Lager. Vieles spricht dafür, dass Georgs Flucht gelingt.

Unterwegs nach Holland

Nochmals meldet sich der Ich-Erzähler. Die sieben Baumkreuze sind „**Montag** abend" (407) gefällt worden. Eine neue Lagerleitung wird eingesetzt, der alte Lagerkommandant soll sich erschossen haben. Der Erzähler erinnert sich, wie furchtbar „die äußeren Mächte in den Menschen hineingreifen können", vermittelt aber auch die Erfahrung, „dass es im Innersten etwas gab, was unangreifbar war und unverletzbar." (408) Mit dieser Botschaft, die gleichzeitig ein ethisches Vermächtnis der Flüchtlinge, des geretteten Georg Heisler und seiner Helfer ist, endet der Roman.

3.3 Aufbau

ZUSAMMEN-FASSUNG

Der Aufbau folgt grundsätzlichen Prinzipien:

- → Ein wesentliches Spannungselement liegt in der gegenläufigen Entwicklung/Bewegung der Hauptgestalten Georg Heisler und Franz Marnet von der Hölle in den Himmel bzw. umgekehrt, die an Dantes *Göttliche Komödie* erinnert.
- → Heisler bricht aus drei (konzentrischen) Kreisen aus.
- → die geometrischen Figuren des Romans (Kreise, Dreiecke) und ihre Bedeutung
- → die Zahlensymbolik des Romans (v. a. die Sieben)

Die Widmung

Vor dem ersten Kapitel des Romans findet sich eine **Widmung**, die den Antifaschisten Deutschlands gilt. In der deutschsprachigen Erstausgabe von 1942 gab zu dazu noch einen einführenden Text[31], der allerdings nicht von Anna Seghers stammte. Die Widmung dankte in der ursprünglichen Form dem gemeinsamen Wirken Deutscher und Mexikaner bei der Veröffentlichung des Buches.[32]

Die gegenläufige Entwicklung der Hauptschicksale

Der Roman ist bis in Details genau gebaut. Das wird bereits im zeitlichen Rahmen deutlich: Montags, 5.45 Uhr, brechen die Häftlinge aus; am folgenden Montag, 5.30 Uhr, entkommt Heis-

---

31 Der Text ist wieder abgedruckt in der Werkausgabe *Das siebte Kreuz* (Spies, S. 425).
32 Vollständig steht die Widmung in der Werkausgabe *Das siebte Kreuz* (Spies, S. 5), verkürzt auf die Antifaschisten in der Taschenbuchausgabe *Das siebte Kreuz* (5).

ler seinen Verfolgern. Was als Roman erscheint, löst sich in **zahlreiche Einzelabläufe und -schicksale** auf, die durch die Flucht der sieben KZ-Insassen kunstvoll und simultan verbunden werden. Die Stationen der Flucht befinden sich zwischen Hölle und Himmel: Der Weg der Flüchtlinge ist ein Weg aus der Hölle, dem KZ Westhofen, aber nur einem gelingt der Weg in die Freiheit. Der Gegensatz, der Himmel der Freiheit, ist außerhalb der „drei konzentrische(n) Kreise" (28), mit denen die Nazis die Flüchtigen wieder einzufangen hoffen. Der Himmel, das ist der Fluss und sein Weg, das ansteigende Land sowie das Bauerngut auf der Taunushöhe, von dem Franz Marnet herunter und zu dem er wieder hinaufsteigt. **KZ und Taunushöhe** werden symbolisch zu **Hölle und Himmel** im Roman. Die Wege der betroffenen Menschen führen dicht aneinander vorbei, bedingen und ergänzen sich, ohne sich jedoch zu überlagern. In diesem gegenläufigen (reziproken) Ablauf von oben und unten, innen und außen liegt ein Spannungselement des Romans, das der Ich-Erzähler im letzten Satz als Grunderfahrung dem Gegensatz von „äußeren Mächte(n)" und dem „Innersten" des Menschen (408) gegenüberstellt.

Simultan verbundene Einzelschicksale

Die Romanhandlung wird durch **Stationen** organisiert, an denen Heisler ankommt, oft in Flussnähe. Der Fluss führt in die Freiheit. Die Indizien lassen den Roman zu einer Wanderung aus der Hölle, im weitesten Sinn zu einer Variation von Dantes *Göttlicher Komödie* (entstanden von 1307 bis 1321) werden. Seghers kannte Dantes Werk gut. Ihr Leben in Frankreich während der Entstehung des *Siebten Kreuzes* empfand sie als so schlimm, dass Dante, Dostojewski und Kafka dagegen Bagatellen geboten hätten, wie sie 1940 an F. C. Weiskopf schrieb.[33] Das *Siebte Kreuz* ist ebenfalls eine Art *Göttlicher Komödie*. Der Begriff der Komödie galt bei Dan-

Variation von Dantes *Göttlicher Komödie*

---

33 Anna Seghers an F. C. Weiskopf, 23. November 1940. In: Wagner/Emmerich/Radvanyi, S. 104.

te für eine Dichtung, die nach ernstem Beginn hoffnungsvoll endet. Heisler bricht am Romanende in die Freiheit auf und kann das nationalsozialistische Deutschland verlassen. Die Beziehung zwischen den Werken liegt einmal im Traditionsverständnis der Anna Seghers, zum anderen in literarischen Analogien. Dantes *Göttliche Komödie* gehörte für Anna Seghers zum Repertoire vorbildhafter Literatur. Noch als sie 1965 in Weimar auf einem internationalen Schriftstellertreffen sprach, nutzte sie den Vergleich mit Dante:

> „Hätte die Befreiung nicht stattgefunden, dann wären wir in einer Abteilung der Hölle, die zwar nicht Dante, aber Bert Brecht beschrieben hat: in der Abteilung der verlorenen Schriftsteller (…)“[34].

Vergleich mit Dante

Die Parallelen zwischen den beiden Werken sind deutlich, wenn sie für ein Verständnis des Romans auch nicht zwingend bekannt sein müssen. Werden sie aber aufgenommen, erweist sich der Roman nicht nur als die Schilderung nationalsozialistischer Verbrechen und des Versuchs, vor ihnen zu fliehen, sondern als Ausstellung faschistischer Pervertierung, die zum Animalischen und Teuflischen tendiert, und des dagegen gesetzten Versuchs, Menschlichkeit zu bewahren. Dante wandert sieben Tage durch Hölle, Fegefeuer und Paradies, Heisler flieht sieben Tage aus der Hölle. Als Dante seine Wanderung im Totenreich beginnt, steht er am Rand „der schmerzensreichen Niederung des Abgrunds“, „so tief und neblig“[35]. Der Erzähler im *Siebten Kreuz* sieht „das freie, sacht abfallende Land“ (12), dessen Grund im Nebel liegt. Die schlimmsten Sünder, denen

---

34 Anna Seghers: *Ansprache in Weimar.* In: Dies.: Aufsätze, Ansprachen, Essays 1954–1979. Berlin. Aufbau-Verlag, 1980, S. 300.

35 Dante Alighieri: *Die Göttliche Komödie.* Aus dem Italienischen von Philalethes. Frankfurt am Main: S. Fischer Verlag, 2008, S. 21.

Dante begegnet, sind in dem siebten bis neunten Kreis, die Verbrechen im *Siebten Kreuz* geschehen am Grunde des Tals.

Der Ausbruch aus den Kreisen

Bedeutsam für das Verständnis des Romans sind auch geometrische Figuren. Um das KZ Westhofen werden von den Nazis „drei konzentrische Kreise“ (28) geschlagen, um die Flüchtigen einzufangen. Bei Dante besteht der 7. Kreis der Hölle aus drei Ringen, in denen Gewalttätige wie Mörder, Räuber und Tyrannen hausen und in einem siedenden Blutstrom stehen.[36] Bei Dante sind es Schuldige, die ihre Strafe finden. Bei Anna Seghers sind es die Herrscher über die Blutströme, die dort regieren. In den engsten Ringen herrscht in beiden erstickender, „watteartiger Nebel“ (22); ähnlich bei Dante: „dunkel qualmt darüber, vor dem Feuer (...) der Rauch des Nebels“ (15. Gesang, V. 2 f. in der *Göttlichen Komödie*). Nebel ist zu Beginn und am Ende ein vorherrschendes Wetter im Roman und kennzeichnet eine dunkle, nicht durchschaubare und feindliche Wirklichkeit. Verzieht er sich, entsteht der Eindruck von Frieden.

Kreise und Teufelskreise

Das Wort „Kreis“ ist in Anna Seghers’ Roman eine Drohung und wird zum Teufelskreis: Drei Kreise werden um das KZ gezogen, die „Umkreisung“ bedeutet Bellonis Ende (106), für Georg wird die Stadt ein „Kreis“, wenn man in ihn gerät, „war er schon halb verloren“ (109). Als Heisler sich zu einer Hure flüchtet, hat diese ein „Totengesicht“; mit ihr gerät er auf einen Platz, der wie ein von einem Kind gemalter „Kreis“ aussieht (197). Vor seinen Augen wird eine „ungeheure Schönheit“ plötzlich hässlich, seine Begleiterin erscheint wie mit einem „Totenkopf“ usw. Es ist eine höllische Szene, in der sich schließlich nur noch „Schatten“ bewegen, in des

36 Vgl. Konrad Falke: *Dante*. München: C. H. Beck’sche Verlagsbuchhandlung, 1922, S. 485.

Wortes doppelter Bedeutung, auch der Spitzel ist ein „Schatten". Es ist fast Georgs Ende, aber auch die Wende. Nun übernimmt Georg die Initiative: Er lässt sich nicht mehr treiben, sondern sucht planmäßig Paul Röder auf: „Ich will zu den Röders." (226) Auf Röder als möglichen Zielpunkt von Georgs Flucht kommen auch Franz und Elli beim Nachdenken (247). Dort nutzt Georg einen „Kreis" auf dem Wachstuch der Röders, um sein Bierglas „wie einen Stempel" hineinzudrücken, damit den Kreis auszuschalten, und verkündet: „Komme, was da kommen mag." (236) Der Kreis bedeutet im Roman Hölle, Gefangenschaft und Vernichtung, der Weg in die Freiheit führt aus ihm hinaus. Georg Heisler entschließt sich für die Röders und bei ihnen zu diesem Weg, nachdem er zuvor ein Getriebener war. Das Zeichen der Befreiung wird das **Dreieck**, das auf Gemälden das Auge Gottes darstellt. Kurz vor Heislers Eintritt in die Freiheit ziehen Vögel, selbst schon ein Sinnbild der Freiheit, in der Höhe „ein spitzes, schwarzes Dreieck" (400). Wallau, der Planer der Flucht, hat „dreieckig" aus der Stirn gewachsenes Haar (183). Freiheit verheißend erscheint eine Au am Fluss als „Dreieckchen" (158). Der Lagerkommandant Fahrenberg meint, zwischen den drei Städten Mainz, Frankfurt und Wiesbaden habe ein Netz bestanden, in dem sich Heisler hätte fangen müssen, aber es war „ein dreieckiges Netz", das Heislers Flucht nicht verhindern konnte (404). – Die tödlichen Kreise im Tal und die Erlösung in der Höhe, verbunden mit einem in den Himmel reichenden Dreieck „KZ – heimatlicher Hof – Sonne", verbinden sich im 5. Kapitel mit Aldingers Weg: Er will nur nach Hause, durchquert die Kreise auf einer Geraden von Westhofen nach Buchenbach und orientiert sich an der Sonne. Von der Höhe („Aldinger war jetzt oben angelangt." 285), die ihm die Freiheit bedeutet, blickt er „auf das Tal", über das „ein tiefer Schatten" fällt. Er erlebt auf der Höhe die letzte Freiheit, den Tod. Damit ist Fahrenbergs Plan zerstört: Der Tote

Dreieck als Zeichen der Befreiung

ist im Licht, in einer „kühlen, gestrengen Helligkeit" (285) und in einer Freiheit angekommen, die ihn nicht mehr an das sechste, für ihn vorgesehene Kreuz bringt. Im KZ „zog der Nebel auf den verfluchten Ort" (288).

Die Zahlensymbolik – die Sieben und die Drei

Mythische und märchenhafte Zahl

Der **Sieben** ist zu folgen[37]. Sie ist nicht nur eine mythische, sondern auch eine märchenhafte Zahl. Der Roman, der die Sieben im Titel trägt, hat sieben Kapitel. Es sind Stationen auf der Flucht Georg Heislers, die den sieben Stationen des Kreuzwegs Jesu vergleichbar sind. Nur verlaufen sie nicht zur Hinrichtungsstätte, sondern weg von ihr. Es gelingt dem siebenten Häftling am siebenten Tag sich zu retten, während die drei Verfolger leer ausgehen. Auch Märchen bieten Material. Kurz vor Heislers Rettung wird an Schneewittchen erinnert, an „sieben Tellerchen" und „sieben Gläschen" (361). Der siebente Zwerg stolpert, und Schneewittchen wird dadurch vor dem Tod gerettet. Im Märchen von den sieben Geißlein wird das siebente, das kleinste Geißlein gerettet usw.

Die Zahl Drei

Anna Seghers liebt die Ordnung und den Zyklus, die Zahlen und ihre Beziehungen. „Streben nach zyklischer Gestaltung und Primat der Einzelgestalt"[38] stehen miteinander im Zusammenhang. Zur Sieben gehört häufig die Drei. Das betrifft einzelne Texte, in denen sich manches dreimal ereignet, und zusammengehörende Texte: Drei Geschichten fügen sich zu einem Zyklus, drei mal drei zum Band *Kraft der Schwachen* (1965), drei Romane zu einer Trilogie, drei Bäume zu einer Reihe von Kurzerzählungen (*Die drei Bäume*, 1940).

---

37 Vgl. dazu auch: Elsner, S. 44 f.

38 Hans Mayer: *Nachwort*. In: Anna Seghers: Der Ausflug der toten Mädchen. Leipzig: Reclam, 1962, S. 63.

TITEL	*Das Siebte Kreuz*
PERSONENVERZEICHNIS	**Sieben Flüchtlinge:** Beutler, Pelzer, Wallau, Belloni, Füllgrabe, Aldinger, Heisler
KAPITEL/-WOCHENTAGE	1. 5.45 Montag / 2. Dienstag / 3. Mittwoch / 4. Donnerstag / 5. Freitag / 6. Samstag / 7. Sonntag / Montag 5.30
ASSOZIATIONEN MIT DER „SIEBEN"	Sieben Todsünden – sieben Tugenden – sieben Stationen auf dem Kreuzweg/Leidensweg Jesu Christi – sieben Stationen des Georg Heisler – sieben Zwerge und sieben Geißlein (361)
SIEBEN KREUZE / TOD AUSSERHALB	**Kreuze:** Beutler, Pelzer, Wallau, Füllgrabe **Tod außerhalb:** Belloni, Aldinger
DER SIEBTE	Heisler entkommt: der Siebte
TITEL	**Sieben Platanen zu Kreuzen umgerüstet** Das siebte Kreuz bleibt leer, die sieben Kreuze werden gefällt und zu Kleinholz geschlagen. Drei Kreise als Grenze der Flucht, des KZ, der „Hölle"
PERSONENVERZEICHNIS	**Drei Häscher:** Fahrenberg, Bunsen, Zillich **Sieben Bedrohte:** Franz Marnet, Elli, Mettenheimer, Hermann, Fritz Helwig, Dr. Löwenstein, Paul Röder **Sieben Helfer:** Fiedler, Grete, Dr. Kreß, Frau Kreß, Reinhardt, eine Kellnerin (der Engel), ein holländischer Schiffer **Sieben Patienten:** Frau und Kind, jüngerer Mann, alter Bauer, städtischer Mann und Knabe, Heisler (97)

Der Sieben (Häftlinge) steht die Drei gegenüber: Es werden drei Vertreter der Lagerleitung des KZs genannt (Fahrenberg, Bunsen, Zillich), es sind drei Häftlinge übrig, die sie an ihre sieben Kreuze binden können. Das Dreieck ist Zeichen von Heislers Freiheit und zerstört die Kreise. Im Halbtraum sieht Georg seine drei Peiniger, „alle drei (sind) tot" und zerfallen zu Staub (371) Diese Betonung lässt auch eine Umwertung erkennen: Es waren drei Kreuze, die beim Tod Jesu Christi standen; nun sind es sieben Kreuze. Beide Zahlen haben eine ausgeprägt mythische Bedeutung. Die Drei ist vor allem eine religiöse christliche Zahl, die in der Trinität vorhanden ist, in den Riten und Prophezeiungen. Die Sieben ist eine vor allem heidnische und mythische Zahl. Drei und Sieben gemeinsam ergeben die Zehn, jene Zehn, die in Heinrich Bölls Roman *Billard um halbzehn* (1959) die unerfüllten Ideale, die zerstörten Utopien und die dauernde Zerstörung repräsentiert. Hier sind sich zwei große Autoren des 20. Jahrhunderts in Absicht und literarischen Mitteln sehr ähnlich, denn auch Böll arbeitet mit der Drei und der Sieben. Befragt nach der Bedeutung der Drei sagte die Seghers:

Zehn als Summe

> „‚Drei' gilt seit Jahrtausenden als schicksalshafte Zahl. Aber nicht wegen dieser Tradition fasse ich oft drei Erzählungen zusammen, sondern weil sich das Wesentliche in drei Geschichten leichter ausdrücken lässt. Das muss nicht so sein, kann aber so sein."[39]

Auch in der Kapitelabfolge wird die Drei zum strukturellen Element: Zwei jeweils drei Kapitel umfassende Gruppen umrahmen das 4. Kapitel, das eine besondere Bedeutung für den Roman hat:

---

39 Prospekt des Aufbau-Verlages zum 80. Geburtstag von Anna Seghers „Ich schreibe, fast seit ich bewusst lebe ...". Berlin 1980, S. 14.

DIE FUNKTION DES VIERTEN (ZENTRALEN) KAPITELS		
Alle Entflohenen werden nochmals erwähnt:	**Begegnungen: Verstärkung von Hilfe und Verfolgung**	**aktuelle Zeitereignisse als „alte Geschichten" (218)**
die Toten und Verhafteten	*die Hilfsbereiten*	*Ausweitung des Panoramas*
Wallau (220) Bellonis Akten (207) Beutler (220) Pelzer (220)	Elli sucht Kontakt die Schneiderin Marelli **Paul Röder** Franz, die Äpfel und sein Entwurf vom kleinen Glück (228 f.)	in Spanien um Teruel gekämpft japanische Truppen in China dt.-sowj. Nichtangriffspakt (239)
	Hermann, Freund von Franz, denkt über **„Geld und Papiere"** (252) nach.	**Georg sucht Weg aus der Stadt** (217).
Georg Heisler im Büfett (213 f.)	Fritz und Begleiter (213 f.)	Georg: Anfall von Furcht (223), danach ein säkulares „Jüngstes Gericht" (225)
Gespräch zwischen Heisler und Füllgrabe über die Lebenden (219 ff.) Füllgrabe (stellt sich) Aldinger (stirbt)	*Verfolger* Ellis Schwester und Schwager Holzklötzchen Bunsen und Overkamp mehrere Spitzel	Ernst der Schäfer öffnet zum Mythischen.

Der Erzähler

Ein **Erzähler** nutzt die Erzählperspektive der Opfer und deren spätere Erinnerung der Geschichte. Er meldet sich während der sieben Kapitel hin und wieder, ist stets ahnbar, nimmt aber seinen Faden erst am Ende wieder auf und schließt mit einem Epilog. Sein schwebender Zustand gehört zu dem Modernsten der Erzählliteratur. Er beschreibt sich als Häftling („Das erfuhren wir alles viel später.", 9) und tendiert „zu der Position, die im epischen Rahmen als die Perspektive des Wir der KZ-Häftlinge formuliert ist“[40]. In einem Interview beschrieb die Autorin den Ausgangspunkt des Romans als „sonderbare Begebenheit – ich sage sonderbar und schrecklich zugleich“[41]. Der Erzähler ist zudem vielschichtig. Er ist zu Beginn ein Ich-Erzähler in einer Ich-Erzählsituation – er ist Subjekt und Objekt des Erzählens gleichermaßen und nicht zu einer Gesamtschau fähig, wie schon die Ungewissheit des ersten Wortes deutlich macht: „Vielleicht ...“ (9). Dann wechselt er zwischen **auktorialem** und **personalem Erzählen** aus der Sicht der Figur, in der personalen Erzählsituation zwischen **Erzählerbericht, innerem Monolog** und **erlebter Rede**. Der auktoriale Erzähler (allwissenden Erzähler; von „auctor“ = Anstifter, Urheber) ist stets zu ahnen, verhält sich aber konspirativ: Zu Beginn erklärt er dem Leser „ein *gewisser* Franz Marnet“ (11, kursiv R. B.) und „Vielleicht wird man *später* nicht verstehen, wieso Franz vergnügt sein konnte“ (11, kursiv R. B.).

Simultanität

Ein auffälliges Merkmal der Texte Anna Seghers' ist ihre **Simultanität**. Die Reihung der Episoden erfolgt nicht nach dem chronikalischen Verlauf, sondern scheinbar nebeneinander oder gleichzeitig. Das ist eine Besonderheit der Seghers'schen Texte. Die an den Film erinnernde Aufsplitterung des Erzählens konnte sie bei John Dos Passos finden, dessen Romane sie gelesen hatte. Indessen führte sie die Struktur auf Manzonis *Die Verlobten* zurück.[42]. Die Schriftstellerin bietet einen geschlossenen epischen Text, der von einem vorwiegend auktorialen Erzähler verantwortet wird, der sich in den ersten Worten der Kapitel meldet („*Vielleicht* sind in *unserem* Land ...“ 9; kursiv R. B.) und die Verbindung zum Leser

---

40 Spies, S. 54.
41 Seghers, *Glauben an Irdisches*, S. 367.
42 In einem Interview 1943, zitiert nach: Stephan 1997, S. 82.

herstellt: „Jetzt sind wir hier. Was jetzt geschieht, geschieht uns." (15) Mit diesem bemerkenswerten Satz hebt der Erzähler das Romangeschehen, die dadurch vermittelten Lehren und Erfahrungen sowie die beispielhaften Schicksale in die fortwährende Aktualität.

Es bestehen drei **Zeitebenen** im Roman:

ZEITEBENE 1:	
Sieben Tage der Flucht	bilden den zeitlichen Rahmen von Montag zu Montag im Oktober 1937 samt der Erinnerungen an die Zeit davor.
ZEITEBENE 2:	
Der Rahmen im KZ	von der Flucht bis zum Fällen der sieben Kreuze (9 f., 407 f.), diese zeitliche Ebene konzentriert sich auf die Innensicht der Häftlinge und das Schicksal der Kreuze.
ZEITEBENE 3:	
aus späterer Zeit stammende Informationen des Erzählers	Kennzeichen: das Wort „viel später": „Das erfuhren wir alles viel später." (9) u. ä. Dieses Wissen von „viel später" wurde aus der Exilzeit bezogen („Draußen ...", 407, kann bedeuten: außerhalb des KZs, aber auch außerhalb Deutschlands) und ging in die Kommentierung ein. Die Einführung „später" (163) zu Textpassagen ist ernst zu nehmen: Ereignisse von 1939 konnten z. B. erst nach Abschluss der Handlung des Romans 1937 eingebracht werden, manche Informationen deuten sogar die erhoffte Befreiung vom Faschismus an: „Das alles wussten wir damals noch nicht ..." usw. (407)

3.4 Personenkonstellation und Charakteristiken

ZUSAMMEN-FASSUNG

Das umfangreiche Figurenensemble – die Masse wird zu einem einzigen literarischen Helden – wird durch den Ablauf der Flucht bestimmt. Die verschiedenen Personen entsprechen verschiedenen Verhaltensweisen im Nationalsozialismus und unterschiedlichen inneren Befindlichkeiten: Angst, Misstrauen, Vorsicht, Hilfsbereitschaft usw. Außer den 32 Personen des „Personenverzeichnisses“ (7) treten mehr als 100 Personen handelnd auf.

Überschaubare Fülle

Diese Figurenfülle, die überschaubar bleibt, ist nicht immer durch individuelle Eigenschaften organisiert, sondern nutzt für die soziale Schichtung Attribute wie Berufsbezeichnungen („Brauereifahrer“, 56), Arbeitseinstellungen („weil er ganz und gar Arzt war“, 99), Wertungen („den schlechtesten von meinen Söhnen“, 48), Spitznamen („der Kleine aber, der Heini“, 255) und Arbeitsvorgänge („ein Schöpflöffel Futterbrühe verkleckert“, 260) zur Differenzierung. Das Anliegen der Schriftstellerin ist es, einen Querschnitt durch die sozial-politischen Schichtungen in Deutschland zu geben, „die ganze Struktur eines Volkes“ aufzurollen.[43] Das gelingt nur zum Teil, denn die Machthaber erscheinen nur in ihren Stellvertretern, dem KZ-Personal, und die politischen Repräsentanten (Partei) sind wie die Vertreter der Wirtschaft nur ahnbar. Insofern wurde der Roman *Die Toten bleiben jung* (1949), der diese Struktur ebenfalls bediente, eine wichtige Ergänzung zum *Siebten Kreuz*.

---

43 Seghers, *Glauben an Irdisches*, S. 367.

Ausführlicher behandelt werden hier nur einige Figuren des Romans; andere lassen sich oft durch die einzelne Wertung treffend charakterisieren. Besonderes Augenmerk gehört der Beziehung von Georg Heisler und Franz Marnet.

Georg Heisler

Keine Lichtgestalt

Georg Heisler ist etwa 30, gibt sich aber auf seiner Flucht als 43 (298) aus, womit er sein nach der Zeit im KZ, in der er Folter erleiden musste, verändertes Aussehen erklären will; er tritt als erster Flüchtling vor den Leser. Auch wenn er unter den Häftlingen als stark und verlässlich gilt und außerhalb des Lagers als „unzerstörbare(s) Grabmal" (78) erscheint, ist er keine Lichtgestalt. Seinem Freund und politischen Lehrer Franz Marnet hat er vor Jahren die Freundin weggenommen, um sie, nach kurzer Ehe und schwanger, sitzen zu lassen. Unter den Freunden gilt er wegen seiner schnellen Wechsel von Freundschaften als „unberechenbar" (234). Er ist ein Abenteurer und Weiberheld, zeigt Züge von Verantwortungslosigkeit und hat seiner Mutter „viel Verdruss gemacht" (256). Aber er trägt auch den Heiligennamen des christlichen Soldaten und Drachentöters Georg, der als einer der vierzehn Nothelfer verehrt wird. Georg hat menschliche Schwächen, aber er will dem Menschheitsglück dienen. Sein Ziel ist, wäre er frei, der Spanische Bürgerkrieg, auch wenn dort sein Leben ähnlich bedroht wäre wie im KZ, „doch wär mir dort ganz anders zumut" (372), denn dort könnte er die Volksfrontrepublik[44] aktiv gegen die von Hitler unterstützten Putschisten unter General Franco verteidigen. Der Spanische Bürgerkrieg (1936–1939) ist ein wichtiges Leitmotiv im Roman und Ziel der Antifaschisten jener Zeit. Heisler in seiner mo-

Spanischer Bürgerkrieg als Leitmotiv

44 Die Auseinandersetzung Anna Seghers' mit der Beziehung zwischen Kommunisten, Sozialdemokraten und anderen Antifaschisten kann man in den früheren Werken wie *Der Kopflohn* (1933), *Der Weg durch den Februar* (1935), *Die Rettung* (1937) und einigen Erzählungen finden.

ralischen Vielschichtigkeit steht für die Volksfrontpolitik zur Verfügung, die Anna Seghers beschwor, sein väterlicher Freund Wallau in seiner fundamentalen politischen Haltung weniger. Heisler ist keine Symbolgestalt des antifaschistischen Widerstandskampfes, sondern ein Ergebnis desselben. Nicht dass die Flucht gelingt, ist der eigentliche Inhalt, sondern wie viele Menschen Georgs Flucht unterstützten. Sie sind als Masse die literarischen und wirklichen Helden des Romans. Erst durch sie steigt Heisler zur Symbolgestalt auf, da er ihre Ideale repräsentiert: „Unsere Ehre und unser Ruhm und unsere Sicherheit waren auf einmal in seinen Händen." (72)

Georg Heisler (Spencer Tracy) kann als Einziger entkommen (Verfilmung USA 1944) © ullstein bild – United Archives

Franz Marnet [45]

Heimlicher Unterstützer

Franz Marnet geht auf einen Freund der Familie Seghers zurück, der anwesend war, als die Kinder an der Grenze abgeholt und nach Frankreich gebracht wurden.[46] Franz Marnet, „an die Dreißig" (11), ist neben Georg Heisler die wichtigste Figur im Figurenensemble.[47] Er kommt aus dem „Paradies", der Höhe und Geborgenheit, der Sicherheit des Gehöfts seiner Verwandten, wo er zurückhaltend lebt. Er sucht nun Verbindungen, bemüht sich um Hilfe für Georg und tangiert die laufenden Unterstützungen. Er wirkt wie ein schützender Begleiter des flüchtigen Georg und entwickelt selbst wieder Kampfesmut. – Franz ist unverheiratet; Georgs Frau Elli war einmal seine Freundin. Er wird als sehr ruhig und besonnen eingeführt, kann sich an kleinen Dingen des Alltags erfreuen (dem „liebsten Wegstück", 11), ist durch eine „starke, einfache Lebensfreude" (11) geprägt und fühlt sich Natur, Land und Leuten zugetan. Indem er am Ende die Jugendliebe Lotte wiederfindet, gewinnt er auch seine Widerstandskraft zurück und macht die auffallendste Entwicklung im Roman durch.

Franz ist deutlich der Gegenpol zu Georg. Beide sind gleichaltrig, etwa 30 Jahre zu Beginn der Flucht; beide haben eine intensive gemeinsame politische und private Vergangenheit, die zehn Jahre zurückliegt. Beide sind etwa 1923 aus der Schule entlassen worden. Durch die Parallelität werden mit den Unterschieden zwei Wirklichkeiten von Antifaschisten jener Jahre gegenübergestellt.

---

45 Zu Franz Marnet gibt es eine detaillierte Beschreibung von Rezeptionsvorgabe und Ergebnis in: Schlenstedt.

46 Anna Seghers: *Sechs Tage, sechs Jahre. Tagebuchseiten*. In: Neues Deutschland, 1984/Nr. 9, S. 5.

47 Vgl. dazu Wagner, *Der Kurs auf die Realität*, S. 129 ff.

GEORG	FRANZ
vor der Romanhandlung 1923–28	
→ schön und stark, aufrechter Gang	→ „schäbiger Franz vom Fußballplatz" (64)
→ vernarrt in Fußball und Jiu-Jitsu	→ „schlechter Fußballspieler" (64)
→ Schüler von Franz im Fichte-Ferienlager	→ Lehrer von Georg im Fichte-Ferienlager
→ zieht zu Franz, der allein lebt	→ nimmt Georg auf, der in großer Familie lebt
→ kommt ohne Bücher aus	→ leidenschaftlicher Leser, eigene Bücher
→ nimmt Franz 1928 die Freundin weg	→ liebt seine ehemalige Freundin 1937 immer noch
im Roman 1937	
→ Flucht in eine fremde Welt	→ Leben in idyllischer Geborgenheit
→ einsam auf der Flucht, heimatlos	→ in geordneter Situation, gewöhnliches Glück
→ „ein Tier, das in die Wildnis ausbricht" (22)	→ „mit ruhigen, fast schläfrigen Zügen", „starke einfache Lebensfreude" (11)
→ ohne planbare Bindungsmöglichkeiten	→ eingebunden in Arbeit, Dorf und Verwandte
→ flüchtige, zufällige Begegnungen	→ gesuchte und gewollte Begegnungen
→ fremd in der Landschaft	→ heimisch in der Landschaft
→ orientierungslos	→ planmäßig
→ ausgestoßen aus dem Alltag	→ integriert in den Alltag
→ ohne Bindung zur politisch vielschichtigen Illegalität	→ Verbindung zur politisch vielschichtigen Illegalität
→ oft Traumsituationen	→ sucht Zeichen in der Wirklichkeit
→ bricht allein in die Zukunft auf	→ findet eine alte Partnerin wieder: Lotte
Leser	
→ Georg weiß gegenwärtig nichts von Franz.	→ Franz weiß gegenwärtig nur, dass Georg auf der Flucht ist.
Der Leser weiß alles von beiden und hat deshalb den Überblick, lebt aber auch in der Spannung, wie beider Geschichte endet.	

Parallele Geschichten

Beider Geschichte wird parallel eröffnet: Franz fährt vom Berg ins Tal zur Arbeit und erfährt von der Flucht, und Georg ist aus dem KZ ausgebrochen und versucht, dem „Nebel" im Tal (der Hölle) zu entkommen. Beider Geschichten werden auch parallel geschlossen: Franz bricht am Ende mit Lotte, die er wiedergefunden hat, und deren Kind zur Höhe auf, zum „Ende von allem, wo die Wolken herauskamen und der Wind" (394). Dass er dabei in eine Art **Abendmahlsituation** bei den Marnets eintritt, verstärkt die Besonderheit des Aufstiegs: „Um den Tisch herum saß die ganze Familie mit allen Gästen." (387) Einmal im Jahr nach der Apfelernte geschieht das. Als Franz mit Lotte dort eintrifft, sitzen noch alle „um den leeren, sauber gescheuerten Tisch" (395). – Heisler dagegen betritt am tiefsten Punkt der Hölle die Brücke zur Freiheit und ein Schiff. Der Fluss ist Symbol für Bewegung und Veränderung; das Schiff gilt auch als Symbol der Freiheit.

Ernst Wallau

Spartakusbund und KPD-Bezirksleiter

Wallau, geboren 1894 in Mannheim, ist der geistige Vater der Flucht der sieben KZ-Häftlinge. Er war seit der Gründung 1918 Mitglied des (kommunistischen) Spartakusbundes. In schwierigen Situationen holt sich Georg fiktiv „Rat bei Wallau" (365). Wallau, verheiratet und Vater, hat den Ersten Weltkrieg erlebt und an den anschließenden Kämpfen in Mitteldeutschland teilgenommen. Seine fast lückenlose Biografie entsteht durch das Verhör, das Overkamp mit ihm führt. Es ist eine politische Biografie: dem Spartakusbund im Oktober 1918 beigetreten, KPD, Bezirksleiter der Partei, Betriebsrat und Abgeordneter, denunziert von einem Genossen. – Wallau ist für Heisler eine Art **Vaterfigur**. In Georg sieht Wallau alles, was ihm im Leben teuer ist. Dadurch entscheidet sich auch die Frage nach der Gewichtung der beiden Figuren im Roman: Heisler dominiert dadurch, dass er und nicht Wallau entkommt.

Aber das Verhältnis der beiden Figuren ist noch komplizierter und spannender. Wallau bekommt als einzige Figur im Roman eine politische Biografie, in die auch seine Frau und Schwester einbezogen werden, die die Flucht unterstützen. Als politischer Kopf ist Wallau vorbildlich und konsequent. Eine private Kontur bekommt er nicht. Sein Gesicht ist ein „hässliches kleines" und hat „dreieckig aus der Stirn gewachsenes dunkles Haar" (183). Das Symbol des Dreiecks, Symbol auch für das Auge Gottes, steht konträr zum höllischen Kreis und weist auf den geistigen Träger der Flucht hin. Heisler ist deutlich anders gezeichnet; die Frauen flogen einst auf ihn. Vor der Haft war er „schön und stark", mit „seinem schönen braunen Gesicht" und dem „aufrechtem" Gang (64). Nur weil die übrigen sechs Flüchtlinge wieder gefasst werden, kommt er zu seiner über sein Einzelschicksal hinausweisenden Funktion (71), seine Flucht und Rettung haben Zufälliges und werden „nur zufällig eine Woche lang auf den Namen Georg getauft" (365). Es entkommt nicht der politische Denker und geistige Stratege der Flucht, sondern der moralisch zwiespältige Heisler. Wallau setzt trotzdem auf Georg alle Hoffnung. Es klingt kritische Distanz der Autorin an rigorosen kommunistischen Politikern wie Wallau an, begleitet von Sympathien für den menschlichen, nicht makellosen Heisler. Selbst Wallau bekennt sich zu dem schillernden Charakter: „*Alles* (Hervorhebung R. B.) an diesem jungen Georg war mir teuer. Alles, was mir im Leben teuer war, fand ich an diesem Jungen wieder" (187). Das klingt wie Bedauern, nicht selbst so gewesen zu sein. Es wäre eine zusätzliche Erklärung, warum Heisler die Flucht gelingt, dem zwiespältigen Charakter, und nicht Wallau, dem fehlerlosen Politiker und politischem Denker.

Paul Röder

Röder ist die wichtigste Figur in der Rettungsaktion für Heisler. Beider Freundschaft war gescheitert, weil den Röders Georgs politische Entwicklung gegen Ende der Weimarer Republik fremd geblieben war. Auch Paul hat vor 1933 mit den Kommunisten sympathisiert, sich dann aber auf eine unpolitisch-opportunistische Haltung zurückgezogen, lebt mit seiner Familie in Ruhe und nimmt die vom Nationalsozialismus gebotene Unterstützung für Kinderreiche, Urlaubsreisen und anderes bereitwillig entgegen. Dabei interessiert ihn nicht, dass er seinen Lohn für Kriegsmaterial (Produktion von Munition) bekommt, das die deutschen Faschisten im Spanischen Bürgerkrieg gegen die Volksfrontregierung einsetzen (237). Bestätigt sieht er seinen Seitenwechsel durch die Fehlentwicklung, die im kommunistischen Moskau stattgefunden hat. Anna Seghers bringt über diese Figur die Moskauer Prozesse von 1937 ein, mit denen Stalin unliebsame Partei- und Staatsfunktionäre ausschaltete, um sich die Alleinherrschaft zu sichern. – Trotzdem leistet Röder seinem alten Freund Heisler die entscheidende Hilfe, obwohl er dadurch sich und seine Familie in große Gefahr bringt. Überraschenderweise erweist er sich in der Stunde der Not als ein wahrer Freund, moralisch lauter, von echter Menschlichkeit und selbstloser Hilfsbereitschaft geprägt.

Unpolitischer Opportunist und wahrer Freund

Zillich

Der SA-Scharführer tritt auch in anderen Werken von Anna Seghers auf und bekommt so eine geschlossene Biografie (vgl. *Der Kopflohn, Das Ende*)[48]. Seine Familie ist kinderreich, und nichts ist ihm angenehmer als der Krieg. Seinen Hof lässt er verwahrlosen, er interessiert ihn nicht. Das war schon 1918 so: Als er „nach dem

---

48 Stephan 1997, S. 94 ff., 180.

Krieg im November 18 auf seinen verwahrlosten Hof" zurückkam (334), konnte er sich nicht an den Frieden gewöhnen, der ihm immer fremd blieb, wie die seine Biografie abschließende Erzählung *Das Ende* (1945) zeigt. 1933 wurde er aus dem Gefängnis befreit, in das er wegen des Mordes an einem Arbeiter gekommen war. Für die Nazis wurde er ein willfähriges Werkzeug. – Nach dem Dienst im KZ Westhofen hat er zuletzt „im Lager Piaski in Polen"[49] gedient; in diesem Lager – in der Erzählung *Das Ende* durchgängig genannt – war Anna Seghers' Mutter ermordet worden. – Zillichs auffallendes Merkmal ist, „obdachlos" zu sein; Entsetzen packt ihn bei dem Gedanken, „dass er für immer nach Hause müsste" (334).

Fremder Frieden

Der Schäfer Ernst

Ernst kann für Leser Verständnisprobleme bringen, da er scheinbar nichts mit Georgs Flucht zu tun hat, dennoch immer wieder im Roman auftritt. Er ist dabei an keine Station des Fluchtverlaufs gebunden wie die anderen, sondern lebt auf seiner Höhe ohne festen Wohnsitz eine **bukolische Idylle**, die der größtmögliche Gegensatz zur Flucht Heislers ist. Zwar sind ihm die Zeitverhältnisse nicht gleichgültig, aber er weiß sich ihnen zu entziehen – unter Verweis auf ins Mythische reichende Traditionen – und ist eine Figur, die aus mythischen Räumen in die Gegenwart eingetreten zu sein scheint. Er stammt „aus einer dunklen Vorzeit" (134), das macht es ihm möglich, „ruhig" zu blicken, in Herrscherpose („... einen Arm in die Hüfte gestemmt", 12, 329; „... eine Hand in die Hüfte gestemmt", 134), wie „ein Eroberer" (134), „ein Heerführer" (329). Seine Mutter hat „etwas Hexenhaftes" (367). Der Dramatiker Carl Zuckmayer meinte, er stehe wie von Dürer

Scheinbar funktionslose Figur

---

49 Anna Seghers: *Das Ende*. In: Dies.: Der Bienenstock, Bd. 2, Berlin: Aufbau-Verlag, 1963, S. 13.

Ähnelt einem antiken Halbgott

gezeichnet.[50] Der Schäfer ähnelt einem Halbgott, mindestens einem antiken Herrscher oder Königssohn wie Paris. Befragt nach Ernst sagte die Schriftstellerin: „Es gibt viele seiner Art in seiner Gegend. Eine tiefe, geheimnisvolle Bedeutung in ihm zu suchen, wäre ganz falsch."[51] Die typische Empfehlung der Schriftstellerin zielt auf ein möglichst breites Verständnis und unterschiedliche Rezeptionsmöglichkeiten. Wer die mythische Ebene nicht erkennt, soll dennoch den Roman unbeschwert lesen können; er bekommt die Absichten der Schriftstellerin über die Handlung vermittelt. Wer diesen Ernst als eine besondere Figur annimmt – schließlich führt er sein Geschlecht bis in die sagenhafte Zeit des Domgründers Willigis zurück[52] –, gelangt zu einem breiteren Geschichtsbild.

Anna Seghers räumte Ernst eine besondere Stellung ein: Er steht sowohl zeitlich als auch räumlich über den Vorgängen. Sprachlich weist die Schriftstellerin das durch demonstrative Hinweise aus, die der Gestalt zugeordnet werden. Würde ein Satz normalerweise lauten „Als Franz in Marnets Küche kam, saß Ernst der Schäfer an Marnets Küchenherd", ändert die Seghers ihn und schafft einen demonstrativen Hinweis: „Als Franz in Marnets Küche kam, (...) da saß Ernst der Schäfer an Marnets Küchenherd (...)" (150).

---

50 Carl Zuckmayer: *Gruß an Netty Reiling.* In: Kurt Batt (Hrsg.): Über Anna Seghers. Ein Almanach zum 75. Geburtstag. Berlin und Weimar: Aufbau-Verlag, 1975, S. 28.
51 Anna Seghers: *Briefe an Leser.* Berlin und Weimar: Aufbau-Verlag, 1970, S. 31.
52 „In meiner Familie ist das Schäferhandwerk erblich seit den Tagen von Wiligis." (41)

3.5 Sachliche und sprachliche Erläuterungen

Die folgenden Erläuterungen sind relativ ausführlich, da sie – neben den einfachen Sacherläuterungen – den Zusammenhang von Roman, Wirklichkeit und zeitgeschichtlicher Entwicklung skizzieren.

S. 3	**Titel**	Die mythische Zahl Sieben vereinigt zahlreiche Bedeutungen. Man denke an die sieben Arme der jüdischen Menora, die sieben Todsünden usw. Kreuz: Kreuz Christi, Kreuz als ausdrucksstärkstes Symbol der Kirche, aber auch keltisches Kreuz als Zeichen der Sonne usw. Das Kreuz ist das Dingsymbol der novellistischen Anlage des Romans
	Hitlerdeutschland	Der Roman erschien zuerst im Ausland. Insofern war der Zusatz wichtig für Handlungsort und -zeit: Es war das Deutschland, dass mit seiner Politik auf Vernichtung setzte, mit seinem barbarischen Krieg die Welt seit 1939 in Atem hielt, dessen Judenverfolgung weltweit als Völkermord bekannt wurde und dessen „Führer" Adolf Hitler war.
S. 7	**Personenverzeichnis**	für einen Roman ungewöhnlich, ermöglicht Überblick über die Figuren der einzelnen Stationen und lässt Beziehungen erkennen, vor allem für Georg (Freunde, Freundin, Frau, Schwiegervater), der dadurch bereits hier als Hauptperson erkennbar ist. Es wurde nur ein Teil der Personen (ca. ein Viertel) aufgenommen.

Erstes Kapitel:

S. 9	**Vielleicht**	Es stellt sich mit dem ersten Wort ein auktorialer Erzähler vor, der seinen Bericht eine Zeit nach den Ereignissen – in Freiheit – niederschreibt. Der Text wird wie ein Prolog abgehoben. Der Erzähler ist Deutscher („in unserem Land"), Opfer und Häftling im Lager („uns alle in Reih und Glied", „Sträflingskleider") und überlebt die Ereignisse („Das wussten wir damals auch noch nicht.").
	der alte Kämpfer	Fahrenberg gehörte zu den frühen Mitkämpfern Hitlers in der NSDAP zwischen 1920 (die NSDAP entstand am 24. 2. 1920 aus der DAP) und 1925 (Neugründung am 27. Februar 1925, nachdem sie nach dem gescheiterten Hitler-Putsch – dem Marsch auf die Feldherrnhalle – verboten worden war), die als „Alte Kämpfer" bezeichnet und auf den Parteitagen besonders geehrt wurden. Seit 1933 gehörten alle vor der Machtübernahme der Partei beigetretenen Mitglieder dazu, während die danach eingetretenen Mitglieder verächtlich als „Märzveilchen" bezeichnet wurden.
	Seeligenstadt	Seligenstadt, Kleinstadt am Main. Fahrenberg wurde zum „Eroberer von S.", weil er mit seinem SA-Sturm das kleine Städtchen tyrannisierte.
	Afrikaner	Der neue Lagerkommandant hat in der deutschen Schutztruppe (Kolonialtruppe) 1914 bis 1918 in Afrika gekämpft.
	Lettow-Vorbeck, Paul von	(1870–1964), 1914–18 Kommandeur der deutschen Schutztruppe in Dar es Salaam, 1919 schlug er als Reichswehrgeneral den Hamburger Aufstand nieder.

	SA-Posten	Abkürzung für Sturmabteilung, paramilitärische Truppe der NSDAP, 1923 bereits 15.000 Mitglieder, 1925 als Parteiarmee neu gegründet, nach Hitlers Machtantritt über 2 Millionen Mitglieder. Nach der Ausschaltung Röhms 1934 verlor die SA ihre politische Bedeutung und wurde z. B. in den KZs durch die SS ersetzt. Röhms, der am 1. 7. 1934 erschossen wurde, angeblicher Putschversuch führte zur Beseitigung unliebsamer Mitstreiter der NSDAP, wozu auch katholische Politiker und missliebige Parteigenossen gehörten. Die Zahl der Hingerichteten schwankt zwischen 77 und über 400.
S. 11	**Taunus**	70 km langer Höhenrücken zwischen Rhein, Main, Lahn und Wetterau. Teilweise klimatisch sehr günstig: Es wachsen Wein, Mandeln und sogar Edelkastanien, bekannte Mineralquellen. Berühmt sind seine Äpfel und der Apfelwein (Äppelwoi).
	Goldparmäne	Apfelsorte, gehört zu den Goldreinetten; widerstandsfähig und reichlich tragend. Der trojanische Prinz Paris überreichte der Göttin Aphrodite einen goldenen Apfel als schönster Frau und löste dadurch den Trojanischen Krieg aus. Man denke auch an den Apfel in der biblischen Schöpfungsgeschichte. Derartige mythologische Beziehungen sind bei Anna Seghers stets mitzudenken, da sie ein Gespinst solcher Hinweise über ihre Texte legt.
	Arbeitslager	waren meist primitive Barackenlager, in denen nach 1933 Zwangsarbeiter und politisch unliebsame Arbeiter untergebracht wurden. Seit 1939 wurden sie nicht nur in Deutschland, sondern auch in den besetzten Gebieten eingerichtet.
	Mollebusch-birnbaum	gehört zur Klasse der Butterbirnen.

S. 12	**Höchst**	Stadt am Main, berühmte Farbenwerke, die in Kap. 1.2. des Romans erwähnt werden (Radler aus den Taunusdörfern fahren jeden Morgen dorthin), Pharmaindustrie. Seit 1928 Stadtteil von Frankfurt/M.
	ein ganz frecher, unschäferischer Bursche	Damit ermöglicht es die Seghers, der Figur einen mythischen Hintergrund zu geben; der trojanische Königssohn Paris erschien als Schäfer, um den Streit der drei Göttinnen mit einem Apfel zu entscheiden. Das „knallrote Halstuch" zitiert Bilder von Peter Paul Rubens, auf denen Hermes als Begleiter des Paris rote Umhänge und Kopfbedeckungen trägt.
	gelassenen weitatmigen Wellen	Man hat die Landschaft so gelassen, gleichzeitig wird aber durch die ungewöhnliche Prägung Gelassenheit (Ruhe) suggeriert. Diese Formulierung hat Volker Braun, der eine Seghers-Nachfolge pflegt und auch eine dramatische Version *Transit* schrieb, übernommen: In seinem Gedicht *Landwüst* spricht er von der „gelassenen Erde".[53]
S. 13	**Limes**	römische Grenzbefestigung aus dem 1.–3. Jh. n. d. Z.; 548 km vom Rhein zur Donau. Die von Anna Seghers beschriebene Landschaft gehörte zu dem von den Römern besetzten Teil Germaniens, der von dem 382 km langen Obergermanischen Limes geschützt wurde.

---

53 Volker Braun: *Texte in zeitlicher Folge*. Bd. 4, Halle – Leipzig: Mitteldeutscher Verlag,1990, S. 85.

Sonnenaltäre der Kelten, keltisches Sonnenrad	ab dem 4. Jh. v. d. Z. besiedelten keltische Stämme Rheinhessen und blieben bis zur Eroberung des Gebietes durch Caesar. Zu ihren Heiligtümern gehörten steinerne Kreuze, die ein steinerner Ring umschloss. Der Ring um das keltische Kreuz bedeutete Sonnenkreis und Ewigkeit und bildet die Grundstruktur des keltischen Sonnenrades, das sich im Stadtwappen von Mainz befindet. Mainz, zu den ältesten Siedlungen am Rhein gehörend und Hauptstadt der römischen Provinz Germania prima, entstand am Schnittpunkt alter Straßen der Völker aus dem 38 v. d. Z. nahe einer Keltensiedlung angelegten römischen Feldlager Moguntiacum, dessen Name auf den keltischen Lichtgott Mogo(n) zurückgeht.
nicht den Adler und nicht das Kreuz	Der Adler war das Feldzeichen der römischen Legionen, das Kreuz zuerst ein Symbol der Kelten, dann der Christen; die Römer übernahmen es unter Kaiser Konstantin 312 n. d. Z.
Judengott	Jahwe ist der Eigenname des Gottes Israels in der hebräischen Bibel. Der Name soll bedeuten „Ich bin der ich bin."
Christengott	Er ist zuerst mit Jahwe identisch. Aber er unterscheidet sich von ihm, indem er Jesus Christus, seinen Sohn, zur Erlösung der sündigen Menschheit auf die Erde sandte und als Geist Gottes die führende Kraft ist. Daraus begründet sich seine Trinität: Gottvater, Sohn und Heiliger Geist.
Astarte	phönikisch-syrische Fruchtbarkeitsgöttin, die von den Griechen mit der Adonis- und Europasage in Verbindung gebracht und oft mit Aphrodite gleichgesetzt wurde.
Isis	ursprünglich ägyptische kuhköpfige Göttermutter, Schwester und Frau des Osiris. Auch in Griechenland und Rom verehrt, All- und Himmelsgöttin, Schicksals- und Fruchtbarkeitsgöttin.

Mithras	altiranischer Gott des Lichtes, wurde verändert übernommen von den Römern. 307 n. d. Z. wurde er als Sonnengott zum Reichsgott und dadurch Gegner des erstarkenden Christentums. Sein Geburtsfest 25. Dezember übernahm die Kirche als Weihnachtsfest. Seine wichtigste Tat ist der Sieg über den Urstier.
Orpheus	mythischer Sänger der Griechen, der sogar Tiere und Pflanzen mit seinem Gesang verzauberte. Er führte den Dionysoskult ein. Nach dem Tod seiner Frau rettet er diese aus dem Totenreich, verlor sie aber endgültig, als er sich entgegen der Weisung nach ihr umdrehte.
zersprungene Goldbänder	Hier wird das germanische Hinterland beschrieben, von dem solche Erinnerungsstücke nicht vorhanden sind, sondern nur einige persönliche Erinnerungen wie in den Schausammlungen des *Römisch-Germanischen Zentralmuseums* in Mainz.
Frankenheer	Der Gründer des Fränkischen Reiches Chlodwig I. (d. i. Ludwig), der sich 496 taufen ließ, besiegte im gleichen Jahr die Alemannen und gewann die Hoheit über das Land zwischen Neckar, Main und Oberrhein. Er legte den Grundstein für die staatlichen Ordnungen im Mittelalter.
der Mönch	Bonifatius (um 672–754) bekam 718 vom Papst den Auftrag, Germanien zu christianisieren. Bei den Thüringern und Franken hatte er so wenig Erfolg, dass er sich wieder den heidnischen Friesen zuwandte, ohne sich voll durchzusetzen. 732 wurde er Erzbischof und Primas von Deutschland. Als er das Erzbistum Köln vom Papst verlangte, untersagte ihm das Pippin und gab ihm 747 Mainz. Bei einem nächsten Versuch, die Friesen zu bekehren, wurde er mit seiner Begleitung erschlagen. Er liegt seit 819 im Dom von Fulda – er hatte die Abtei Fulda gegründet – begraben. Er setzte militante Mittel zur Christianisierung ein, brachte aber auch moderne Kultur. Als Attribute hatte er Buch, Beil und Schwert. Beide Seiten nennt Anna Seghers. Die Romantik des 19. Jahrhunderts machte ihn zum „Heiligen Apostel der Deutschen".

S. 14	**Heiliges Römisches Reich**	gemeint ist das Heilige Römische Reich Deutscher Nation: Bezeichnung des deutschen Reiches von 962 bis 1806, weil man es als Fortsetzung des römischen Weltreiches verstand. „Heilig" bezog sich auf die Abhängigkeit von der römischen Kirche, die „Deutsche Nation" bezog sich auf den Herrscher, der ein von den Deutschen gewählter König war. Unter dem Ansturm Napoleons brach das Reich 1806 ohne jeden Widerstand zusammen, nachdem es Jahrhunderte kaum eine politische Macht gewesen war.
	Erzkanzler	der für die Ausfertigung königlicher Dokumente verantwortliche Kanzlist wurde Kanzler genannt. Da anfangs fast nur Geistliche schreiben konnten, war das Amt an Kleriker gebunden. Otto I. ernannte schließlich seinen Sohn Wilhelm dazu, der Erzbischof von Mainz geworden war. Seitdem blieb das Amt mit dem Erzbischof von Mainz fast bis ans Ende des Reiches fest verbunden. Der Erzkanzler bereitete die Königswahl vor. Er stand über allen Kurfürsten, vertrat den Kaiser und leitete die allgemeinen Reichsangelegenheiten.
	Kaiserwahlen	Es waren die von den Kurfürsten (vier weltliche und drei geistliche) durchgeführten Königswahlen. Mit der Wahl zum deutschen König bekam der Herrscher seine Macht; die Krönung im Rom zum Kaiser war weitgehend ein formaler Akt, erinnerte aber an die Abhängigkeit vom Papst. Da im Mittelalter noch ein Wahlkaisertum bestand, mussten solche Wahlen durchgeführt werden.
	Mönche und Ritter, um ihre Orden zu gründen	in Mainz war eine Kommende (Komturei) der Ballei (Provinz) des Deutschritterordens (das Deutschhaus: Deutschordenskommende, heutiger Landtag); der palastartige Bau war 1730–39 errichtet worden.

Kreuzfahrer, um Juden zu verbrennen	Die jüdische Gemeinde war ein geistiges Zentrum, Mainz die wichtigste Stadt der deutschen Juden. Als 1096 nach Ausrufung des ersten Kreuzzugs Judenpogrome ausbrachen, belagerten 12.000 Kreuzfahrer die jüdische Gemeinde, die sich in die Residenz des Erzbischofs geflüchtet hatte. Um der Ermordung zu entgehen, begingen 1100 Juden gemeinsam Selbstmord: Wie Abraham, der Isaak opferte, opferten sie sich gegenseitig. Ihre Leichen wurden auf dem „Brand" verbrannt. Der Kreuzzug fand nicht statt, sondern die Kreuzfahrer zogen mordend weiter durch deutsche Städte; 12.000 Juden sollen ihre Opfer gewesen sein.
Jakobiner	In Mainz entstand in der Folge der Französischen Revolution im März 1793 die erste deutsche Republik; nachdem die Stadt am 21. 10. 1792 von französischen Truppen besetzt worden war. Es wurde nach dem Vorbild der französischen Klubs die „Gesellschaft der Freunde von Freiheit und Gleichheit" gegründet. Zu ihr gehörte der bedeutende Naturforscher, Schriftsteller und Philosoph Georg Forster, der wichtigste geistige und politische Führer der Mainzer Jakobiner.
Freiheitsbäume	Sie waren ein Zeichen der Französischen Revolution und wurden von Anhängern der Revolution errichtet. Bekannt ist Hölderlins, Schellings und Hegels Begeisterung, die 1791 nach französischem Vorbild auf einer Wiese nahe des Tübinger Stifts zur Errichtung eines Freiheitsbaums führte.
ein alter Soldat	dieser letzte französische Soldat weint über die Niederlage Napoleons; die Szene erinnert an Heinrich Heines Gedicht *Die Grenadiere*, die auf dem Weg nach Frankreich „weinten ... Wohl ob der kläglichen Kunde".

Große Armee	Napoleons Armee, mit der er 1812 in Russland einmarschierte. Sie hatte ca. 500.000 Soldaten aus Frankreich, Italien, den Rheinbundstaaten und dem Großherzogtum Warschau; Preußen und Österreich mussten Hilfstruppen stellen. Nur 1200 Soldaten der Hauptarmee gelangten nach der Niederlage in Moskau zurück nach Königsberg.
Trikolore	dreifarbige französische Nationalfahne seit der Französischen Revolution.
Menschenrechte	So nannte man seit der europäischen Aufklärung Beziehungen, die als ewig galten und den Menschen vom Tier unterschieden. Diese Grundrechte, vor allem von französischen Philosophen entwickelt, sind das Recht der Freiheit, Gleichheit, Sicherheit und des Eigentums. 1776 wurden sie als leitende Grundsätze der Vereinigten Staaten von Amerika anerkannt, 1789 in Paris erweitert (Erklärung der Rechte des Menschen und des Bürgers) um die Freiheit des Gewissens, des Kultus, der Meinungsäußerung und der Presse.
die Jahre 33 und 48	Am 3. April 1833 stürmten revolutionäre Demokraten die Frankfurter Wache (Frankfurt/M.), im Mai 1848 kam es, wie fast überall in Deutschland, zu revolutionären Auseinandersetzungen und zu blutigen Straßenkämpfen, hier zwischen preußischen Truppen und der Mainzer Bürgerwehr, die danach gewaltsam entwaffnet wurde.
ein Reich, das man heute das Zweite nennt	Es ist das deutsche Kaiserreich von 1871, das nach dem Sieg über Frankreich ausgerufen wurde. Es dauerte bis zum Ende des Ersten Weltkrieges. Die Formulierung versteht sich als Hinweis auf die politische Kontinuität zwischen dem Zweiten (1871–1918) und dem Dritten Reich (1933–1945).

	Bismarck	Der Reichskanzler Otto von Bismarck (1815–1898) war als preußischer Ministerpräsident der Vater des Reiches von 1871. Seit 1864 führte Preußen unter seiner Führung Kriege gegen Dänemark, Österreich und Frankreich, die Preußen stärkten – es erhielt Schleswig-Holstein, Hannover und Kurhessen – und Österreich schwächten, um so eine kleindeutsche Lösung (ohne Österreich) zu erhalten.
S. 15	**Schlacht von Verdun**	Die Stadt war während des Ersten Weltkrieges heiß umkämpft. Der Stellungskrieg artete in einen erbitterten Minenkrieg aus, den die deutsche Heeresführung am 21. Februar 1916 beenden wollte, indem sie Verdun zu nehmen versuchte. Der Angriff scheiterte und führte zu Gegenangriffen, die sich bis 1918 hinzogen. Man schätzt die Zahl der Toten auf beiden Seiten auf 400.000.
	Lunten gelegt hatten	Möglicherweise spielt Anna Seghers auf ein Beispiel an: Leo Schlageter hatte Anschläge auf Eisenbahnen und Verkehrswege verübt und war 1923 von einem französischen Kriegsgericht zum Tode verurteilt und in der Golzheimer Heide bei Düsseldorf standrechtlich erschossen worden. Er wurde zu einer Symbolgestalt der nationalsozialistischen Propaganda.
	Fahnen der Interalliierten Kommission	Die linksrheinischen Gebiete Deutschlands wurden im Frieden von Versailles in Besatzungszonen aufgeteilt; Mainz war bis 1930 französisch besetzt und Sitz der genannten Kommission für die linksrheinischen Gebiete.
	gegen die schwarz-rotgoldene vertauscht	Schwarz-rot-gold waren in Anlehnung an die demokratischen Bewegungen des 19. Jahrhunderts die Farben der Weimarer Republik, die 1933 abgelöst wurden. Der Reichsflaggenerlass vom 12. März 1933 schrieb bis zur endgültigen Reglung vor, dass die schwarz-weiß-rote Reichsflagge und die Hakenkreuzfahne gesetzt werden konnten, auch gemeinsam.

S. 16	**Höchster Farbwerke**	1863 gegründetes Pharmaunternehmen, das 1925 mit anderen Unternehmen zur I. G. Farben fusionierte. Es hatte 1937 etwa 9000 Beschäftigte, alle jüdischen Beschäftigten mussten 1938 das Werk verlassen, und es bereitete sich zu dieser Zeit intensiv auf einen neuen Krieg vor. Während des Krieges erhöhte sich die Zahl der Belegschaft auf 11.784 Personen, von denen aber mehr als 3000 Zwangsarbeiter waren. Es wurden Farben, Pharmazeutika, Chemikalien usw. hergestellt.
	am 30. Juni	Als der Stabschef der SA Röhm nach der Machtergreifung Hitlers der Reichswehr ihre Funktion als Armee streitig machte und die SA an ihrer Stelle ausbauen wollte, stellte sich Hitler getreu seinem Programm in *Mein Kampf* auf die Seite der Reichswehr und ließ Röhm sowie hohe Führer der SA ermorden (sogenannter Röhm-Putsch). Danach spielte die SA keine politische Rolle mehr, sondern beschränkte sich auf die vor- und nachmilitärische Ausbildung ihrer freiwilligen Mitglieder. Sie wurde in den Nürnberger Prozessen nicht zur verbrecherischen Organisation erklärt.
S. 17	**SS**	1925 gegründete Schutzstaffel zum persönlichen Schutz des Führers. Nach der Entmachtung der SA 1934, die Verbände der SS durchführten, wurde die SS eine selbstständige Organisation, der seit 1936 die gesamte Polizei unterstand. Es wurde die gefürchtetste, mächtigste und verbrecherischste Organisation während der nationalsozialistischen Diktatur. Sie war verantwortlich für die KZs, die Einsatzgruppen in den besetzten Gebieten und den Holocaust an den europäischen Juden, unterhielt die Vernichtungslager und eigene Institute zu Versuchen an Menschen. Ihr Chef war der Reichsführer SS Heinrich Himmler. Mitglied durften nur die „blutsmäßig besten Deutschen" werden.
	Gustavsburg	Ort auf der linken Mainseite, aber rechtsrheinisch, im Winkel des Zusammenflusses von Main und Rhein

S. 18	**Karbid-lampen**	Karbid (Calziumkarbid CaC2) besteht aus grauen Brocken, die in einem Glasbehälter an der Luft durch Wasseraufnahme zerfallen und das farblose, eigentümlich riechende Äthin freisetzen (Azetylen), das leuchtend verbrennt.
S. 19	**Oppenheim**	linksrheinisches Städtchen, 20 km südlich von Mainz
S. 20	**KZ**	Konzentrationslager, Häftlingslager, in denen seit 1933 Gegner des Nationalsozialismus, dann auch Juden, Zigeuner, Homosexuelle, schließlich Kriegsgefangene inhaftiert und ermordet wurden. Es war das berüchtigste und verbrecherischste Vernichtungsinstrument der Nationalsozialisten. Nach 1934 übernahm die SS den alleinigen Befehl über die KZ, die SA blieb geduldet. Die SS war für die systematische Vernichtung der Juden und die Massenhinrichtungen in Polen sowie der Sowjetunion und anderen Ländern verantwortlich. Es wird geschätzt, dass in den KZs und ihren Vernichtungslagern mehr als 5 Millionen Menschen ermordet wurden.
	Westhofen	Wahrscheinlich bezog sich Anna Seghers auf das KZ Osthofen, das zwischen Mainz und Worms lag und zu den ersten in Deutschland gehörte. Über dieses KZ wurde seit dem Frühjahr 1933 in der Presse berichtet, Führungen wurden durchgeführt.[54] Im Juni 1934 begann die Auflösung des KZs. Über die Namensgebung der Anna Seghers ist nur zu spekulieren: Entweder war es eine Verwechslung mit dem Ort Westhofen, den es 4 km von Osthofen entfernt gibt, was wahrscheinlich ist, oder sie wollte ihren Roman nicht auf ein bestimmtes Lager beziehen. Dann hätte sie wohl einen völlig anderen Namen gewählt. Die von ihr verwendeten Daten stimmen nicht mit der Lagergeschichte des KZs überein: Heisler wurde im Dezember 1934 ins KZ Westhofen eingeliefert; da bestand das KZ Osthofen schon nicht mehr.

54 Vgl. dazu Stephan 1997, S. 149 ff. – Hier sind Bilder über Pressebesuche im KZ Osthofen 1934 veröffentlicht.

S. 22	**Wallau**	Der Name erinnert möglicherweise an Carl Wallau[55], einen Demokraten, der im Vormärz in Mainz wirkte. Von ihm stammt ein Aufruf, die deutschen Arbeiter sollten Mainz als Zentrum für alle Arbeitervereine wählen.
S. 25	**Wurzel schlagen, ein Weidenstamm unter Weidenstämmen**	Die Vorstellung, aus Angst sich in einen Baum zu verwandeln, findet sich auch in Anna Seghers' Erzählungen *Die drei Bäume* (1940) wieder. In der ersten Erzählung flüchtet sich ein Ritter in „Todesangst" in einen Baum und geht darin zu Grunde, während der Baum weiter grünt.
S. 28	**Ausbruch**	Die Bestimmung eröffnet den genau fixierten zeitlichen Rahmen, der montags 5.45 beginnt und eine Woche später, an einem Montag, 5.30, (384) endet.
S. 30	**November 1918**	Am 11. 11. Waffenstillstand der Entente mit Deutschland, der den Ersten Weltkrieg beendete. Kieler Matrosenaufstand am 3. 11. löst die November-Revolution aus. Arbeiter- und Soldatenräte, Ausrufung der Republik am 9. 11. – Es ist unklar, bei welcher Aktion Zillich den Schuss bekommen hat, möglicherweise kämpfte er aber gegen die Revolutionäre. Dieses Thema war der Schriftstellerin immer gegenwärtig (vgl. *Die Toten bleiben jung*).
	bevor das neue Gesetz	Am 29. September 1933 wurde das Reichserbhofgesetz erlassen, nach dem der Erbhof, der „das Bauerntum als Blutquelle des deutschen Volkes" sichern sollte, als unveräußerlich, unteilbar und unbelastbar durch Schulden galt.

---

55 Vgl. die Werkausgabe *Das siebte Kreuz* (Spies), S. 431: Der Herausgeber weist in seinem sonst lückenhaften und ungenauen Anmerkungsapparat auf diese Möglichkeit hin.

	Gestapo	Abk. für Geheime Staatspolizei. Sie sollte ohne jede Beschränkung von Mitteln staatsgefährdende Bestrebungen bekämpfen und unterlag dabei nicht der Überprüfung von Verwaltungsgerichten. Ihr wichtigstes Unterdrückungsmittel war die „Schutzhaft" („Schutzhäftling Beutler", 31), die sie nach eigenem Ermessen und ohne rechtliche Bedingung anwenden konnte. Seit 1936 wurde die Gestapo der SS unterstellt. In den von der SS geleiteten KZs unterstanden der Gestapo die Politischen Abteilungen mit dem Erkennungsdienst, der für die Verhöre der Häftlinge zuständig war. Sie bestimmte, wem Sonderbehandlung zuteil wurde, was in der Regel Hinrichtung ohne gerichtliches Verfahren bedeutete. Für die SS verschleppte sie Juden in die Vernichtungslager.
S. 31	**Drachentöter**	So werden der Heilige Georg und der Erzengel Michael bezeichnet. Georg rettete nach der Legende eine schöne Königstochter, die dem Drachen geopfert werden sollte, indem er den Drachen mit dem Kreuzeszeichen besiegte und mit der Lanze tötete. Michael hat als Drachentöter und Seelenwäger im Jüngsten Gericht seine Bedeutung. Drachentöter war auch Siegfried in der Nibelungen-Sage. Da jedoch der Drachentöter in einer Reihe steht mit dem Erzengel, ist weniger an das Nibelungen-Lied, das im Nationalsozialismus besondere Verehrung genoss, zu denken. Bemerkenswert ist, dass zwei Drachentöter Gegner sind: Georg (Heisler) und Bunsen mit den Zügen eines Drachentöters „oder eines gewappneten Erzengels".
	gewappneten Erzengels	Man nahm sieben Erzengel an, die im 16. Jahrhundert kulthaft verehrt wurden. Der gewappnete Erzengel, ebenfalls als Drachentöter bezeichnet, ist Michael. Er soll am Tag des Jüngsten Gerichts die Seelen der Auferstandenen wiegen. Das bezieht sich auch auf den faschistischen Offizier Bunsen, der mit den Attributen eines Engels ausgestattet, aber ein Teufel ist. Auch die Gestapo-Männer Fischer und Oberkamp bezeichnen Bunsen als „gewappnete(n) Erzengel" und „heilige(n) Michael" (251).

S. 33	**Ruhrkämpfe und die Kämpfe in Mitteldeutschland**	Im März 1920 kämpfte die Rote Ruhrarmee gegen Freikorps, die in das Ruhrgebiet eindringen wollten. Die 100.000 Mann umfassende Armee befreite das Rheinland von diesen Verbänden. Unter Bruch der Abkommen marschierten Reichswehr und Freikorps ein und übten barbarischen Terror gegen die Ruhrarmee aus. – Die Märzkämpfe in Mitteldeutschland waren zehntägige Verteidigungskämpfe bewaffneter Arbeiter aus Kupfer- und Braunkohlenbergbau gegen die Besetzung der Betriebe durch Polizeitruppen, die die linken Kräfte, die immer stärker geworden waren, auszuschalten versuchten, um eine Machtübernahme zu verhindern. Die Kämpfe zogen sich von Hettstedt über Halle-Ammendorf bis Leuna hin. Die Arbeiter erlitten eine Niederlage: Sie zählten Hunderte von Toten und Tausende Verwundeter.
S. 38	**Schutzbündler in Wien**	Anna Seghers hatte sich diesem Thema gewidmet (vgl. *Der letzte Weg des Kolomann Wallisch*, 1934, und *Der Weg durch den Februar*, 1935). 1923 hatten Rechte und Linke Verbände gegründet, die einen latenten Krieg gegeneinander führten. Der sozialdemokratische Republikanische Schutzbund stand meist auf verlorenem Posten, musste oft fliehen oder sich zurückziehen, weil die Rechten sehr viel militanter und gewalttätiger waren.
S. 41	**Arbeitsfront**	Die Deutsche Arbeitsfront (DAF) wurde am 10. Mai 1933 von der NSDAP gegründet und trat an die Stelle der zerschlagenen Gewerkschaften. Es war jedoch keine Arbeitnehmer-Schutzorganisation, sondern eine Einheitsorganisation zur propagandistischen Schulung der Arbeitnehmer. Es war die größte Massenorganisation des nationalsozialistischen Staates.

	Wiligis	Wil(l)igis' (um 940–1011) sagenhafte Herkunft soll im Rad des Mainzer Wappens deutlich werden; wahrscheinlich Sachse. Von 975 bis 1011 Erzbischof von Mainz und Erzkanzler: Er begann 975 mit dem Dombau. Lehrer Ottos II., Erzieher Ottos III., setzte die Wahl Heinrichs II. durch (1002) und krönte diesen in Mainz. Anerkannter Gelehrter, Gründer und Leiter mehrerer Schulen. Der Schäfer Ernst führt seine Familie auf ihn und seine Zeit zurück.
S. 42	**geuzt**	von mundartlich „uzen" in der Bedeutung „necken".
	Darré-Schule	Richard Walter Darré (1895–1953), Leiter des Rasse- und Siedlungshauptamtes der SS, seit 1933 Reichsminister für Ernährung und Landwirtschaft, Reichsbauernführer, 1942 aus allen Ämtern entlassen. 1949 zu sieben Jahren Gefängnis verurteilt, 1950 entlassen.
S. 43	**Winterhilfslotterie**	Das Winterhilfswerk (Winterhilfe) (180) war eine Sammel- und Spendenaktion, die von der Volkswohlfahrt jährlich durchgeführt und vom Propagandaministerium als „Gemeinschaftsopfer der Nation" beaufsichtigt wurde.
S. 45	**Hitlerjugend**	Abk.: HJ, Bezeichnung für die gesamte nationalsozialistische Jugendorganisation, 1926 gegründet, seit 1933 als Staatsjugend zur Erziehung außerhalb von Schule und Elternhaus per Gesetz (vom 1. 12. 1936) verpflichtet.
S. 47	**Pimpfe**	seit 1934 die amtliche Bezeichnung für die 10- bis 14-jährigen Mitglieder des Jungvolks, einer Gruppierung der HJ. Die Mädchen waren im Jungmädelbund organisiert.
S. 55	**Spezereihandlung**	altertümlich für Gewürzhandlung
S. 56	**Dezember 34**	Der Anlass für Heislers Aufnahme in Westhofen ist nicht zu erschließen. Er war seit Januar 34 verhaftet und nach der Aussage der Gestapo in Westhofen eingeliefert worden (90). Im Dezember 1933 war der Reichstagsbrandprozess zu Ende gegangen, was nochmals eine Verhaftungswelle auslöste.

S. 57	**Augustiner-straße**	Heisler ist schon in der Innenstadt von Mainz; der Dom ist nah. Auf der Augustinerstraße, benannt nach dem Kloster der Augustiner-Eremiten, steht die Kath. Augustinerkirche, eine Seminarkirche. Beeindruckend ist die Fassade mit dem sich über die Dächer emporschwingenden Giebel. Heislers Weg auf den Rhein zu führt im Schatten von Kirchen, als würde er dort Sicherheit erwarten.
S. 58	**zu läuten an**	1705 soll der Dom 25 Glocken gehabt haben. Es wird der unzerstörte Dom von 1937 beschrieben, in dem auch vier Glocken hingen, die 1809 von Josef Zechbauer aus preußischen Kanonen gegossen worden waren, die Napoleon geschenkt hatte. 1942 wurde der Dom beschädigt und 1944/45 erneut stark zerstört. Der Vater der Seghers „verwaltete die Kunstsammlungen des Mainzer Doms"[56], wodurch Anna Seghers so genaue Kenntnisse erhalten haben dürfte.
	Türmen hinauf	Heisler steht vor dem Westturm des Mainzer Doms St. Martin und St. Stephan, der mit der Vierung zusammen insgesamt sechs Türme/Kuppeln hat. Der den Bau überragende einzelne Westturm ist 82,50 m hoch, die östlichen Treppentürme 55,50 m.
S. 59	**nur Raum und wieder Raum**	Die Gesamtlänge des Doms beträgt 109 m, sein Mittelschiff ist 13,50 m breit.
S. 63	**Grutzen**	Kerngehäuse des Apfels, entspricht einem anderen dialektalen Wort: Griebs. Von mittelhochdeutsch „gruz" = bildlich: das Geringste
	Fichte-Ferienlager	Berliner Turnverein, der der KPD nahe stand. Benannt nach dem Philosophen Johann Gottlieb Fichte (1762–1814), dessen Lehre, der Mensch solle sich seine Verhältnisse mit Freiheit nach der Vernunft einrichten, von den Kommunisten, dessen *Reden an die deutsche Nation* von den Nationalsozialisten vereinnahmt wurden. Mädchen aus dem Fichte-Ferienlager, das rote Fichte-F auf blauem Kittel, waren Freundinnen Georg Heislers.

---

56 Albrecht, S. 5.

S. 64	**Jiu-Jitsu**	japanische Selbstverteidigung ohne Waffen; dass in den der KPD nahestehenden Lagern dieser Sport gelehrt wurde, hatte seinen Grund auch in der Selbstverteidigung; auch Hitler hatte in *Mein Kampf* diese Sportart neben Boxen als besonders wichtig für die Ausbildung der SA vorgesehen.[57]
	Januardemonstration	Seit der Ermordung Rosa Luxemburgs und Karl Liebknechts am 15. Januar 1919 demonstrieren die Linken jährlich zum Gedenken. Diese Demonstrationen waren nach 1933 verboten, wurden aber von den Linken trotzdem veranstaltet. Der Roman teilt mit, die Beteiligten hätten sich „auf der Hauptwache" wiedergetroffen.

2. Kapitel

S. 74	**Taufbecken, Mitra, Stab**	Das Taufbecken stammt von 1328. Mitra (Bischofsmütze) und Stab (Krummstab), Attribute des Bischofs, gehören zu dem Denkmal, das Heisler sieht, es ist das des Erzbischofs Albrecht von Brandenburg (1490–1545), der als Erzbischof / Kurfürst von Mainz Erzkanzler des Reiches war. Unter seiner Herrschaft wurde Mainz ein Zentrum der schönen Künste. Er war einer der schillerndsten Erzkanzler, lavierend zwischen den Fronten, von großer Kunst- und Sinnenlust, niedriger Rachsucht, Neid und Boshaftigkeit geprägt. Hutten war sein Rat, aber Tetzel schickte er aus, um über den Ablasshandel seine riesigen Schulden zu mindern. Heisler empfindet seine Züge als „klar, einfach und böse" (74).

57 „Boxen und Jiu-Jitsu sind mir immer wichtiger erschienen als irgendeine schlechte, weil doch nur halbe Schießausbildung." Adolf Hitlers *Mein Kampf*. Eine kommentierte Auswahl von Christian Zentner. München: List Verlag, 1974, S. 95.

S. 75	**in jeder Hand eine Krone**	Grabmal Siegfried III. von Eppstein. Er war an der Wahl von Heinrich Raspe, Landgraf von Thüringen, und Wilhelm von Holland zu Gegenkönigen gegen Kaiser Friedrich II. beteiligt. Auf der Grabplatte segnet er die beiden einen Kopf kleineren Könige; sie empfangen aber nicht die Krone von ihm. Das Grabmal dokumentiert die Bedeutung des Erzbischofs von Mainz bei der Einsetzung eines Königs; die Krönung stand dem Erzbischof von Köln zu.
	Interregnum	(lat.: Zwischenreich) Im Heiligen Römischen Reich die Zeit von 1256 bis 1273, vom Tod Wilhelms von Holland bis zur Wahl Rudolfs von Habsburg. Es war „die kaiserlose, die schreckliche Zeit" (Friedrich Schiller).
	Mauernische	Heisler flüchtet sich aus dem Langhaus des Doms, das er vom Taufbecken aus durchquert hatte, in eine Nische neben dem Marktportal. Dazu muss er durch das nördliche Seitenschiff, „unter den Blicken von sechs Erzkanzlern des Heiligen Reichs" (75): Siegfried III. von Eppstein, Peter von Aspelt, Mathias von Bucheck, Adolf I. von Nassau, Konrad III. und Johann II. von Nassau.
S. 76	**Fabelgeschöpf**	Georg denkt an Leni, die durch die Erinnerung immer „zarter" und „fliegender" wird. Sie erscheint ätherisch und fliegend wie ein Engel, wird aber bei der späteren Begegnung zur bösen Enttäuschung. An ihre Stelle tritt später eine Frau, die für Heisler zum Engel wird und ihm vorangeht (403).
	Niederrad	ländlich anmutender Vorort von Frankfurt/M., seit 1900 eingemeindet; wurde später zur Bürostadt, wobei allerdings die Hälfte des Geländes nicht bebaut werden durfte und ländlich erhalten bleiben musste.

S. 81	**aus dem Paradies verjagt**	Adam und Eva wurden nach dem Alten Testament am 6. Tag der Schöpfung geschaffen. Da sie sich ungehorsam gegen das Gebot Gottes zeigten und vom verbotenen Apfelbaum aßen, wurden sie aus dem Paradies vertrieben (Sündenfall). Apfel und Sündenfall bilden im Roman eine motivliche Kette. Die Seghers verwendet diesen Vorgang nochmals in der Erzählung *Das Ende*, die Zillichs Tod nach dem Krieg beschreibt.
	Köpfe der Kühe, Krippe	Geburt Jesu von Nazareth, um 4. v. d. Z. In Verbindung mit einer Volkszählung zogen seine Eltern Josef und Maria nach Bethlehem, wo Maria in einem Stall, in dem Kuh und Esel standen, Jesus zur Welt brachte. Sie legte ihn in eine Krippe.
	Abendmahl	letztes gemeinsames Mahl der Jünger und Jesu. Die Evangelisten berichten darüber ausführlich. Jesus weiß von seinem bevorstehenden Tod und verpflichtet seine Jünger auf seine Lehre durch das Abendmahl: Brot ist sein Leib, Wein sein Blut. Unter den Jüngern ist der Verräter Judas Ischarioth.
	der mit dem Speer stieß	Im Neues Testament, Johannes 19,34, wird berichtet, wie ein Kriegsknecht Jesu Seite mit einem Speer öffnet, um den Tod festzustellen. Brauch war es, dem Betroffenen dazu die Beine brechen zu müssen. – Anna Seghers bezieht sich bei diesen Bildern auf einen Bildzyklus an den Hochwänden des Hauptschiffs, die von den Nazarener-Künstlern Veit, Settegast und Lasinsky 1859/64 geschaffen wurden.
S. 82	**Staufer**	schwäbisches Fürstengeschlecht, aus dem von 1138 bis 1254 deutsche Könige und Kaiser kamen. Sie erbten die salischen Hausgüter, erbauten die Burg Hohenstaufen. Der bedeutendste Staufer war Friedrich I. Barbarossa, der bedauernswerteste Konradin, der 1268 enthauptet wurde.

S. 101	**Heiliger Martin**	Martin von Tours (um 316–397), Sohn eines römischen Tribuns, getauft, gründete das Kloster Marmoutier. Als Soldat soll Martin einem Bettler die Hälfte seines Soldatenmantels gegeben haben. Zahlreiche Bräuche knüpfen sich an seine Gestalt: Martinsgans, Martinstag, Martinsfeuer. Der Heilige, dem der Mainzer Dom geweiht ist, wird später ein zweites Mal genannt (400).
S. 104	**Greta Garbo**	eigentlich: Greta Gustafsson (1905–1990), schwedische Filmschauspielerin, die auch in Hollywood spielte und weltberühmt wurde. Zur Zeit der Romanhandlung hatte sie gerade die Hauptrollen in *Anna Karenina* (1935) und der *Kameliendame* (1936) gespielt.
S. 106	**zernieren**	eine Festung einschließen, umzingeln
S. 108	**Siegfried von Epstein**	vgl. 75: *in jeder Hand eine Krone:* Siegfried III. von Eppstein, aus dem Geschlecht der Grafen von Eppstein, war Herr über zehn Bistümer. Das Grabmal steht am Anfang der beeindruckenden Reihe von Grabdenkmälern, die zu den großartigsten in Deutschland gehören.
S. 112	**Besatzungszeit**	vgl. 15: *Fahnen der Interalliierten Kommission:* Mainz lag in der französischen Besatzungszone und war bis 1930 besetzt.
S. 136	**Beimler**	Hans Beimler (1895–1936), Mitglied der bayerischen Räteregierung, Reichstagsabgeordneter der KPD. Nach Verhaftung 1933 ins KZ Dachau eingeliefert, aus dem er fliehen konnte. Er fiel bei Madrid als Divisionskommandeur 1936 im Spanischen Bürgerkrieg. Anna Seghers verfasste 1937 einen Nachruf auf ihn. Georg Heisler hat Züge von ihm bekommen.
	Dachau	Im März 1933 wurde das erste KZ auf Weisung des Reichsführers SS Heinrich Himmler in Dachau bei München errichtet. Ihm folgten bis zum Sommer 1933 weitere große KZs, darunter *Oranienburg* und *Papenburg*.

	Seeger	Gerhart Heinrich Seger (1896–1967), Reichstagsabgeordneter der SPD in vier Wahlperioden. Er wurde 1933 ins KZ Oranienburg gesperrt, aus dem er fliehen konnte. Seinen Fluchtbericht veröffentlichte er 1934 (Karlsbad: Graphia; Probleme des Sozialismus, Sozialdemokratische Schriftenreihe, 5). 1936–1949 Chefredakteur der Neuen Volkszeitung in den USA.
S. 137	**Remise**	altertümlich für Geräte- und Wagenschuppen
S. 139	**Bebel**	August Bebel (1840–1913), 1869 Mitbegründer der SPD (Sozialdemokratische Arbeiterpartei Deutschlands); seit 1889 Berufspolitiker. Mit kurzer Unterbrechung von 1867 bis 1913 Mitglied des Reichstages. Setzte sich 1875 für den Zusammenschluss der Sozialdemokratischen Arbeiterpartei mit dem Allgemeinen Deutschen Arbeiterverein (Lassalleaner) ein. Erfolgreicher politischer Schriftsteller (*Die Frau und der Sozialismus*, 1883)
	Liebknecht	Wilhelm Liebknecht (1826–1900), in London befreundet mit Friedrich Engels, neben Bebel 1869 Mitbegründer der SPD, 1874–1900 Mitglied des Reichstags
	Liebknecht	Karl Liebknecht (1871–1919), Sohn von Wilhelm Liebknecht, seit 1912 für die SPD im Reichstag, proklamierte 1918 die Republik in Deutschland, mitbeteiligt an der Gründung der KPD, von Freikorpsoffizieren zusammen mit Rosa Luxemburg ermordet.
	Dimitroff	Georgi Dimitroff (Dimitrow) (1882–1949); bulgarischer Sozialdemokrat und Kommunist, 1933 im Reichstagsbrandprozess Angeklagter, durch eine glänzende Verteidigungsstrategie freigesprochen, seit 1935 Generalsekretär der Kommunistischen Internationale (Komintern). Während ihres VII. Weltkongresses erklärte er den Wechsel zur „Volksfront", die im Kampf gegen Hitler zur wichtigen Strategie wurde. Seit 1946 bulgarischer Ministerpräsident.

Drittes Kapitel

S. 150	**Latwergbrot**	Latwerg(e): veraltet, landschaftlich (rheinhess.): Fruchtmus; auch eine breiförmige Arznei (so in Goethes *Faust I*, V. 1050).
S. 151	**in jedem hohlen Baum**	Hinweis, wo sich der Flüchtling aufhalten könne. Der Schäfer Ernst weist auf eine Möglichkeit, die Anna Seghers in den ersten beiden der Erzählungen *Die drei Bäume* (1940) verwendet. Sie sind in beiden Fällen tödlich.
S. 156	**Rattenfänger**	1284 befreite ein Rattenfänger die Stadt Hameln von Ratten und Mäusen, indem er auf einer Flöte blies, die Tiere dadurch hervorrief und sie ins Wasser führte, wo sie ertranken. Als die Stadt ihm den Lohn verweigerte, kam er als Jäger verkleidet zurück, rief mit seiner Flöte alle Kinder über vier Jahre zu sich, während die Eltern in der Kirche saßen, und verschwand mit ihnen in einem Berg. *Der Rattenfänger* (in *Deutsche Sagen* der Brüder Grimm) gilt als bekannteste deutsche Sage in der Welt. Möglicherweise erklärt sich ihre Herkunft aus der Ostland-Besiedlung, bei der Hamelner Bürger („Kinder der Stadt") von Adligen zur Besiedlung in Schlesien, Pommern und Preußen angeworben wurden.
	Signalement	aus dem Französischen: Personenbeschreibung
	Ritterheer, Römer	gemeint sind der Limes der Römer und die Überschreitung des Mains durch das Frankenheer (vgl. 13).
S. 163	**Eltville**	liegt nahe Mainz malerisch zwischen Weinbergen und verfügt über bedeutende Wein- und Sektkellereien.

	Sturz Barcelonas, Einzug Francos in Madrid	Francisco Franco (1892–1975) erhob sich 1936 gegen die spanische Volksfront-Regierung und löste so den Spanischen Bürgerkrieg (1936–39) aus. Madrid war seit Herbst 1936 Zentrum der Angriffe der Putschisten, fiel aber erst im März 1939, Barcelona – Sitz der Volksfrontregierung 1937–39 – wurde im Januar 1939 von den Republikanern aufgegeben. Anna Seghers erlebte den Krieg, sie besuchte z. B. das polnisch-spanische Bataillon „Palafox" während des Internationalen Schriftstellerkongresses.
S. 165	**Kindern der Sage, die von Tieren aufgezogen werden**	Die Sage, die der von Anna Seghers erwähnten fast entspricht, ist die von Romulus und Remus, die als die Gründer Roms gelten. Diese Sage ordnet sich auch insofern der Handlung logisch zu, als der Erzähler mehrfach auf die römische Geschichte der Landschaft eingeht und andererseits die römische Vergangenheit für den zeitgenössischen Faschismus in Italien die Attribute lieferte (ital. fascio = Bündel von lat. fascis = Rutenbündel mit herausragendem Beil, Zeichen über Leben und Tod, getragen von Liktoren). Romulus und Remus wurden von einer Wölfin gesäugt, von einem Specht mit anderer Nahrung versorgt. Sie erschlugen ihren Onkel Amulius, der ihren Vater ermordet und vom Thron gestoßen hatte, setzten ihren Großvater wieder als König ein und gründeten Rom. Im Streit um die Stadt erschlug schließlich Romulus Remus. Die mythische Sage lässt Historisches kaum erkennen.
S. 168	**Königin Christine, Greta**	Greta Garbo spielte 1933 die schwedische Königin Christine in dem gleichnamigen Film (USA). Vgl. Erläuterung zu *Garbo* (104).
S. 179	**Tarsoarbeit**	Holzmosaik, (vgl. Intarsie = Einlegearbeit)
S. 186	**Spartakusbund**	1916 von Karl Liebknecht, Rosa Luxemburg, Franz Mehring, Clara Zetkin und Wilhelm Pieck in der SPD gegründete sozialistische Organisation, die sich 1917 der USPD anschloss und sich am 31. 12. 1918 zur KPD konstituierte.

	Lasst die Toten ...	Aufforderung Jesu an einen seiner Jünger, der, bevor er Jesus folgt, seinen Vater begraben will (Matthäus 8,22).
S. 188	**Pailletten**	glitzernde Metallblättchen zum Aufnähen
S. 191	**Wochenschau**	Vorfilm im Kino, der aktuell informierte. In Zeiten ohne Fernsehen entsprach das einer Nachrichtensendung.
S. 197	**scheeler Gigl**	Verkleinerungsform von Geck (Modegeck), aber auch von Gigolo (Eintänzer, auch: Mann, der sich aushalten lässt); etwa: missgünstiger Zuhälter
	Kaiserstraße	Zentrum des Frankfurter Amüsierviertels, in den Nebenstraßen ebenfalls Amüsierlokale
S. 200	**Türke, Heiliger Krieg, Niederrad**	Es sind nicht die altgriechischen Heiligen Kriege gemeint, sondern die Kriege der Türken gegen Zentraleuropa. Diese Kriege wurden in der osmanischen Geschichtsschreibung als „Große Feldzüge", Heiliger Krieg, Gesegneter Glaubenskampf usw. bezeichnet. Einen solchen Krieg im Niederrad (auf der linken Main-Seite Frankfurts) auszurufen, ist grotesk und soll hier auf Lenis Wechselhaftigkeit und Konzeptionslosigkeit weisen.

Viertes Kapitel

S. 205	**Reichsbauernführer**	Er leitete den „Reichsnährstand", der am 13. 9. 1933 als Selbstverwaltungsorganisation gegründet wurde und alle in Ernährungs-, Land- und Forstwirtschaft Beschäftigten erfasste. Der oberste Führer war Dr. Walter Darré, Autor des 1929 erschienenen Buches *Das Bauerntum als Lebensquell der nordischen Rasse*, seit 29. Juni 1933 zum Reichs- und Preußischen Minister für Ernährung und Landwirtschaft ernannt. Vgl. S. 42
	Domäne	Staatsgut, Staatsbesitz
S. 206	**falsches Zeugnis wider deinen Nächsten**	das achte der christlichen *Zehn Gebote*

S. 207	**Schumann-theater**	Varieté-Theater in Frankfurt/M.
S. 218	**in Spanien um Teruel, die japanischen Truppen in China eindrangen**	Die Schlacht um Teruel fand vom Dezember 1937 bis Februar 1938 statt, Teruel wurde weitgehend zerstört. Die Kämpfe begannen früher und führten am 11. Oktober 1937 zum Verlust der Industriezone des Nordens an die Faschisten. Der Krieg Japans gegen China hatte bereits an 7. Juli 1937 mit einem von den Japanern inszenierten Zwischenfall an der Marco-Polo-Brücke in der Pekinger Gegend begonnen. Der Zusammenhang der weltweiten Vorgänge wurde Anna Seghers 1937 im Sommer auf dem Schriftstellerkongress bewusst, bei dem auch journalistisch der deutsche Faschismus, die spanischen Falangisten (Faschisten) unter Franco und der japanische Überfall auf das China des Generalissimus Tschiang kai-Schek nebeneinander gesehen und die antifaschistischen Freiwilligen in Spanien auf ein neues Stadium faschistischer Aggressionen weltweit vorbereitet wurden.[58]
S. 224	**Wärst du nach Spanien**	Heisler stellt sich die Frage, ob er sich den Internationalen Brigaden im Spanischen Bürgerkrieg angeschlossen hätte, die etwa 25.000 Kämpfer, unter ihnen 5000 Deutsche, umfassten.
S. 225	**Jüngstes Gericht**	Heisler prüft, einem weltlichen Jesus Christus ähnlich, die Menschen seines bisherigen Lebens auf ihre Zuverlässigkeit, Ehrlichkeit und Treue. – Beim Jüngsten Gericht am Ende der Tage wird Christus, begleitet von den Erzengeln, als Weltenrichter die Lebenden und die Toten richten; die Sünder (Böcke) kommen in die Hölle, die Reinen (Schafe) in das Paradies (vgl. Ernst, der Schäfer und seine Idylle).
S. 226	**Suddelzuber**	Schmutzeimer (von „sudeln“ = schmieren, Schmutz verbreiten)

58 Vgl. Klaus Hermsdorf, Hugo Fetting, Silvia Schlenstedt: *Exil in den Niederlanden und in Spanien*. Leipzig: Reclam, 1981 (Kunst und Literatur im antifaschistischen Exil 1933–1945 in sieben Bänden, Bd. 6), S. 270 ff.

S. 227	**General Mangin von der Interalliierten Kommission**	vgl. *Interalliierten Kommission* (s. S. 72 der vorliegenden Erläuterung). Charles Mangin (1866–1925) war der Oberkommandierende der französischen Besatzungsarmee am Rhein mit Sitz in Mainz; er unterstützte die separatistischen deutschen Kräfte, um eine französisch geprägte „Rheinische Republik" zu schaffen.
	Boulevard Sébastopol	Pariser Hauptstraße, die vom Westbahnhof ins Zentrum führt, benannt nach der Stadt, Festung und dem Kriegshafen Sewastopol (Krim), der während des Krimkrieges (1853–56) nach einjähriger Belagerung und großen Verlusten auf beiden Seiten fiel.
S. 228	**Gebt dem Hitler, was des Hitlers ist**	Variation eines zum geflügelten Wort gewordenen Ausspruchs Jesu (bei Matthäus 22, 21 und anderen). Der Satz „So gebet dem Kaiser, was des Kaisers ist, und Gott, was Gottes ist!" ist Teil der Auseinandersetzung mit den Pharisäern, die Jesus zu einer falschen Entscheidung in Steuerpflichten provozieren wollten.
	Kraft durch Freude	Abk.: KdF, gegründet im November 1933 als Organisation der *Deutschen Arbeitsfront*. Sie sollte die Freizeit durch Unterhaltungsveranstaltungen und Betriebssport, Urlaubs- und Schiffsreisen regeln. Die Schiffe wurden während des Krieges als Truppentransporter und Lazarettschiffe eingesetzt.
	Vergünstigungen für Kinderreiche	Kinderreiche Familien, die nach der faschistischen Rassenlehre „deutschblütig, lebenstüchtig und erbgesund" waren, bekamen einen Ausweis („Ehrenbuch für die deutsche kinderreiche Familie"), der als „Auszeichnung für die Pflichterfüllung zur Zukunftssicherung des deutschen Volkes" galt. Jüdische, osteuropäische und behinderte Familien, die kinderreich waren, durften den „Ehrennamen ‚kinderreich'" nicht tragen. Vergünstigungen waren Ehrenplätze bei Veranstaltungen, Bevorzugungen bei Behörden, steuerliche Vorteile, Erholungsurlaube, finanzielle Beihilfen und die Auszeichnung mit dem „Mutterkreuz" (Ehrenkreuz der Deutschen Mutter). Im Roman ist die Familie Röder kinderreich und berichtet Georg darüber (236 f.).

	das Kreuz ging diesmal vorüber	Gemeint ist eine Schwangerschaft, die entweder nicht eintrat oder frühzeitig beendet wurde („guter Rat"). Für Frauen, die Abtreibungen vornehmen ließen, gab es hohe Strafen, die bis zur Todesstrafe reichten. Andererseits wurden Schwangerschaften von Frauen, die als „erbkrank" befunden wurden, gesetzlich unterbrochen (Änderungsgesetz zum Gesetz über den erbkranken Nachwuchs von 1935).
S. 233	**Die Liebe vom Zigeuner stammt**	Beginn der Habanera, des Auftrittsliedes Carmens aus der Oper *Carmen* von Georges Bizet. Oft auch gesungen als „Die Liebe von Zigeunern stammt", nach dem französischen Libretto von Meilhac und Halévy wäre auch möglich „Die Liebe ist ein Zigeunerkind".
S. 236	**Eintopfsonntag**	Er gehörte zu den Sammelaktionen des Winterhilfswerkes und brachte 1935/36 ein Ergebnis in Höhe von 31 Millionen Reichsmark. Die Bevölkerung wurde aufgerufen, an den ersten Sonntagen von Oktober bis März nur einfache Eintopfgerichte zu essen und das gesparte Geld zu spenden.
S. 237	**NS-Volkswohlfahrt**	im Mai 1933 gegründete Organisation der NSDAP, die 1935 der Partei als Verband angeschlossen und so wie diese organisiert wurde. Sie verdrängte andere Wohlfahrtsverbände oder schaltete sie gleich und verwandte ihre Mittel. Die Hilfe galt nicht dem einzelnen oder den bedürftigen Menschen, Goebbels betonte 1938 auf dem Reichsparteitag, die Hilfe gelte der „Gemeinschaft. Darum werden nur rassisch wertvolle erbgesunde Familien von der NSV unterstützt".

	Wartburg, Martin Luther, Sängerkrieg, Venusberg	Um 1206 soll auf der Wartburg der Sängerkrieg stattgefunden haben, an dem sich sechs Dichter beteiligten, unter ihnen Walther von der Vogelweide und Wolfram von Eschenbach. Die Sage verwendet die Tatsache, dass der Hof des Thüringer Landgrafen Hermann I. eines der bedeutendsten Zentren der höfischen Literatur und Kunst um 1200 war. – Auf der Wartburg übersetzte Martin Luther als Junker Jörg vom Dezember 1521 bis zum Frühjahr 1522 das Neue Testament ins Deutsche. – 7 km östlich von Eisenach liegen die Hörselberge, die den Hintergrund für die Tannhäuser-Sage bilden. Zwei Höhlen am Großen Hörselberg wurden nach Tannhäuser und Venus benannt, Venus nahm den Sänger in diesem Berg, der deshalb mit dem Venusberg identifiziert wurde, zum Liebesspiel auf und wollte ihn nicht mehr fortlassen.
	Krieg	Paul Röder meint den Spanischen Bürgerkrieg 1936–39.
S. 239	**Russland, Wie dort alles drunter und drüber geht**	Das zwiespältige Verhalten Stalins in Spanien, der zwar Waffen gegen Gold lieferte, aber revolutionäre Entwicklungen ablehnte und deshalb nicht unterstützte, führte bei deutschen Spanienkämpfern (Gustav Regler, Arthur Koestler u. a.) zum Zweifel an der Sowjetunion und dem Kommunismus. Schließlich drangen auch Informationen über die Schauprozesse (Radek) in Moskau nach draußen, und Aufsehen erregte die Rückberufung Kolzows, der die spanische Volksfrontregierung beriet, durch Stalin.
	Luftschutz	1933 wurde der Reichsluftschutzbund gegründet. Der Luftschutzwart war der Leiter der Luftschutzgemeinschaft, die aus den Bewohnern eines oder einiger Häuser bestand. Seit 1935 gab es die gesetzlich bestimmte Luftschutzpflicht, d. h. ein Luftschutzkeller musste eingerichtet, das Verhalten bei Fliegeralarm geprobt und Aufräumarbeiten geübt werden.

S. 242	**Frauenabend**	Die NS-Frauenschaft als Zusammenschluss der Frauenverbände sollte zuverlässige und dem Führer ergebene Frauen erziehen. Wöchentlich fanden dazu Frauenschaftsabende statt, an denen jedes Frauenschaftsmitglied mindestens einmal im Monat teilnehmen musste. Die Frauen sollten vor allem zu Hausfrauen und Müttern erzogen werden.
S. 243	**Stahlhelm**	Der „Stahlhelm", der Bund der Frontsoldaten, wurde im November 1918 von Offizieren zum Kampf gegen die Novemberrevolution gegründet. Er war an den Einsätzen der Freikorps beteiligt und bereitete die Machtübernahme Hitlers mit vor (Harzburger Front 1931). Sein Führer Franz Seldte wurde 1933 Minister in der Reichsregierung. 1933 wurden große Teile des Stahlhelm in die SA übernommen.
S. 249	**Habakuk**	gehört zu den kleinen Propheten des Alten Testaments, der mit einem Engel Daniel Essen in die Löwengrube brachte. Deshalb sind Topf oder Krug seine Attribute.
S. 250	**Maria Stuart**	Anspielung auf die schottische Königin Maria Stuart (1542–87), die eine schöne Frau war und Anspruch auf den englischen Thron erhob. Königin Elisabeth von England, ihre Gegnerin, ließ Maria Stuart hinrichten. Sie wurde ein beliebtes Thema der Kunst und Literatur (z. B. bei Friedrich Schiller).
S. 251 f.	**Heideröslein, Mühlenrad**	Else singt Goethes *Sah ein Knab ein Röslein stehn* in der populären Vertonung von Heinrich Werner 1827 (Heideröslein), die als einzige von über 50 Vertonungen zum Volkslied wurde, und Joseph von Eichendorffs *In einem kühlen Grunde* in der Vertonung von Friedrich Glück 1814 (Mühlenrad).

Fünftes Kapitel

S. 260	**Scharführer**	in Gliederungen wie SS, SA, HJ und Fliegerkorps Dienstgrad vergleichbar einem Unteroffizier oder Unterfeldwebel
S. 264	**Obdach**	Das Wort verwendet Anna Seghers programmatisch. Es ist das erreichbare Ziel eines Menschen, der Sicherheit sucht. Das Wort steht nicht nur in mehreren Texten der Seghers an herausragender Stelle. Am Ende des Romans *Transit* findet der Erzähler ein „Obdach". „Obdach" ist auch ein Synonym für Menschlichkeit und gab 1941 der Erzählung *Das Obdach* den Titel. Dagegen ist Zillich „obdachlos". Das Wort hat im Exil nach 1933 besondere Verwendung erfahren. In dem parallel zum Roman *Das siebte Kreuz* ebenfalls im Exil entstandenen Parabelstück Bertolt Brechts *Der gute Mensch von Sezuan* (1938–1940) wird das Obdach, das man finden kann, von den Göttern als Ausdruck von Güte und Menschlichkeit des Menschen und einer menschenwürdigen Welt betrachtet.
S. 271	**Volksgerichtshof**	1934 per Gesetz zur Aburteilung von Hoch- und Landesverrat sowie später Wehrkraftzersetzung geschaffen. Seine Aufgabe war nicht Rechtsprechung, sondern Vernichtung von Gegnern und Andersdenkenden. Rechtsmittel waren gegen seine Urteile, die zunehmend Todesurteile wurden (1943: 1662 Hinrichtungen), nicht möglich.
S. 272	**EK I**	Das „Eiserne Kreuz", 1. Klasse. Anlässlich des Befreiungskrieges 1813 gestifteter preußischer Orden, der 1870 und 1914 erneuert wurde; er galt als hohe Kriegsauszeichnung. Er gliederte sich in das Großkreuz und zwei Klassen. 1939 wurde er von den Faschisten eingeführt.
S. 277	**Hochzeit zu Galiläa**	Jesus verwandelt auf der Hochzeit von Kana in Galiläa Wasser in Wein (Vgl. Johannes 2,1–11).

S. 285	**Stammbäume und Gesundheitsatteste**	Jedes Brautpaar musste vor der Hochzeit auf dem Standesamt ein Ehetauglichkeitszeugnis vorlegen, das ein Ehehindernis ausschloss. Ehehindernisse waren bestimmte Krankheiten und Verstöße gegen das Blutschutzgesetz. Damit sollte unerwünschter oder nach den faschistischen Rasseauffassungen minderwertiger Nachwuchs vermieden werden. SS-Männer mussten sogar bei Himmler um Heiratsgenehmigung nachsuchen. SS-Führer und deren Bräute hatten einen Stammbaum vorzulegen, der bis 1750 nachwies, dass keine Juden unter den Vorfahren waren, andere SS-Männer und ihre Bräute hatten das ab 1800 nachzuweisen.
S. 291	**System**	Abfällige Bezeichnung der Nazis für die Weimarer Republik und die parlamentarische Demokratie.

Sechstes Kapitel

S. 312	**Schönheit des Arbeitsplatzes**	„Schönheit der Arbeit" war seit 1933 ein Amt, das für künstlerische Gestaltungen in Industriebetrieben verantwortlich war. Betriebe wurden durch Licht und Farbe verschönt, Büchereien und Aufenthaltsräume wurden eingerichtet.
S. 316	**Ewiger Friede**	Elli erinnert sich an eine Belehrung, der Immanuel Kants *Zum ewigen Frieden* zu Grunde gelegen hat. Dessen Schrift hatte immer wieder zu Überlegungen veranlasst, wie stark die Wirkungen des Krieges sein müssten, um nach Leiden und Schlägen einen Frieden für möglich zu halten.
S. 321	**Noske**	Gustav Noske (1868–1946). Sozialdemokrat, der beim Niederschießen des Spartakusaufstandes 1919 in Berlin als „Bluthund" bekannt wurde („Einer muss der Bluthund werden." Noske am 6. 1. 1919). Er war die Inkarnation für eine mörderische Politik gegen Arbeiter und für den Verrat der SPD an ihren ursprünglichen Zielen.

	Watter	Oskar Freiherr von Watter (1861–1939), Reichswehrgeneral. Er schlug den Generalstreik gegen den Kapp-Putsch nieder und bediente sich dazu auch der Truppen Kapps.
S. 322	**Märchen sich auf die Stimmen der Vögel verstand**	Gemeint ist das Märchen der Brüder Grimm *Die weiße Schlange*. Ein Diener kostet von der geheimnisvollen Speise, die er seinem König bringen muss, dem nichts unbekannt bleibt. Dabei handelt es sich um eine weiße Schlange. Der Diener kann nun die Sprache der Tiere verstehen: Vögel verhelfen ihm zu Wohlstand und einer schönen Königstochter. Dass dieses Märchen auch mit dem Apfel vom Baume des Lebens ein zentrales Motiv des Romans bedient, dürfte kein Zufall sein. Indem der Jüngling und die Königstochter davon essen, „ward ihr Herz mit Liebe zu ihm erfüllt, und sie erreichten in ungestörtem Glück ein hohes Alter". Der Apfel verheißt Glück; in dieser Bedeutung wird der Apfel symbolisch im Roman eingesetzt. Auch in der Siegfried-Sage findet sich ein vergleichbares Ereignis: Siegfried kostet vom Herz Fafnirs und versteht ebenfalls die Vögel; die Seghers nennt jedoch den Mann „im Märchen".
S. 326	**Nadelöhr, durch das das Kamel eher geht**	Paradoxes Wort aus dem Neuen Testament (Matthäus 19,24): „Es ist leichter, dass ein Kamel durch ein Nadelöhr geht, denn dass ein Reicher ins Reich Gottes kommt." Gemindert wurde die Paradoxie, indem für das Nadelöhr eine kleine Pforte in der Jerusalemer Mauer angenommen wurde oder eine Verwechslung der aramäischen Wörter Kamel und Tau, die die gleichen Konsonanten enthalten. Als Redensart aber hat sich das Zitat als Beschreibung des Unmöglichen erhalten.
S. 336	**Hanomag**	Auto aus der **Hanno**verschen **M**aschinenbau-**A**ktien**g**esellschaft (später Rheinmetall-Hanomag). Als kurioses Fahrzeug wurde das Hanomag-"Kommissbrot" bekannt, von dem es volkstümlich hieß: „Ein bisschen Blech, ein bisschen Lack, und fertig ist der Hanomag."

S. 337	**Rauscher**	schäumender Apfelmost, frischer, nicht fertig vergorener Wein
S. 346	**Amerongen in Holland**	1918 entsagte der letzte deutsche Kaiser Wilhelm II. dem Thron und zog sich nach Holland zurück. Er lebte bis zu seinem Tod 1941 in Doorn.
S. 348	**Hauptbuch**	In diesem Buch werden die Geschäftsverhältnisse verzeichnet. Es gehört insbesondere zur „doppelten Buchhaltung", weil es Geschäftsvermögen und Veränderungen nach Konten geordnet darstellt.
	Malachit	Schmuckstein aus Kupferspat; smaragdgrünes, glasähnliches Mineral, in Märchen und Sagen verwendet als Schrein für scheintote Prinzessinnen, Bergleute usw.
	Ursulinen	katholischer weiblicher Orden (Abk. OSU) als Vereinigung ohne Gelübde, 1535 in Brescia gegründet; Orden für Erziehung und Unterricht der weiblichen Jugend
S. 351	**Zeil**	berühmte Einkaufsstraße in Frankfurt/M. in ost-westlicher Richtung durch das Zentrum führend. 1330 war hier eine ein-**zeil**-ige Häuserreihe entstanden, die der Straße den Namen gab: 1632 wurde der Name erstmals auf dem Stadtplan vermerkt.

S. 353	**Drittes Reich**	propagandistische Bezeichnung für das Deutsche Reich zwischen 1933 und 1945. Die nationalsozialistische Geschichtsschreibung sah das Erste Reich im Heiligen Römischen Reich Deutscher Nation von 962 bis 1806, das Zweite Reich im Kaiserreich der Hohenzollern von 1871 bis 1918. Man verband den Begriff außerdem mit der Vorstellung von einem tausendjährigen Reich. – Seit dem 10. Juli 1939 durfte der Begriff in der Presse nicht mehr verwendet werden, weil Gegner des Faschismus in Spottversen von einem „Vierten Reich" sprachen. Möglicherweise hat deshalb Anna Seghers diesen Begriff am Ende ihres Romans, der 1939 entstanden ist, verwendet. – Nicht zu verwechseln ist der Begriff des Dritten Reiches mit der Vorstellung von den drei Reichen, die in der Theologie und Philosophie seit Joachim von Fiore eine Rolle spielen und im 19. Jahrhundert, etwa in Henrik Ibsens *Kaiser und Galiläer*, einen Ausgleich zwischen irdischem und himmlischem Reich anstrebten und dafür ebenfalls den Begriff des „Dritten Reiches" verwendeten. Anna Seghers kannte diese Differenzierungen durch die Arbeiten ihres Mannes über die chiliastische Erlösungsidee.[59]
S. 358	**der Kelch ja vorbei**	Aus Jesu Gebet in Todesangst („Mein Vater, ist 's möglich, so gehe dieser Kelch von mir." Matth. 26,39) wurde der verbreitete Stoßseufzer „Möge dieser Kelch (dieses Leid) an mir vorübergehen!"

59 Eine Untersuchung der Spuren der Chiliasmus-Debatte im Werk Anna Seghers' bieten: Hans Otto Horch und Bernhard Spies: *Zur Faszination chiliastischen Denkens nach dem Ersten Weltkrieg*. In: Argonautenschiff Nr. 8, 1999, S. 167–181.

Siebtes Kapitel

S. 368	**Erbhofgrenze**	Die Größe des Erbhofes musste nach dem Reichserbhofgesetz mindestens 7,5 ha betragen. Das galt als Größe, mit der eine Familie unabhängig vom Markt versorgt werden konnte. Messer hatte mit Prokaski verhandelt, dass der weniger als 7,5 ha hat. Lag man unter der Grenze, konnte der Hof verkauft, auch unter verschiedene Erben aufgeteilt werden usw. Das war mit Erbhöfen nicht möglich.
S. 382	**Römer**	Kurzform für Römerberg in Frankfurt/M., Bezeichnung des alten Rathauses der Stadt, das sich aus mehreren neben- und hintereinander liegenden Gebäuden zusammensetzt, die die Stadt aufkaufte. Der Name stammt wohl von den italienischen Kaufleuten, die während der Messe dort wohnten.
S. 384, 406	**Kasteler Brücke, Kasteler Brückenkopf**	Brücke in Mainz, die zum Stadtteil Kastel auf die rechtsrheinische Seite führt. Georg muss diese Brücke von Kastel (Brückenkopf) nach Mainz am Ende des Romans (der Flucht) überqueren, um an die Anlegestelle seines Fluchtschiffes zu kommen.
S. 388	**vier Reiter der Apokalypse**	Sie verkörpern das Strafgericht (Apokalypse), das über die Menschheit hereinbricht (Offenbarung 6, 2–8). Ihre Attribute sind Bogen, Schwert und Waage. Die bekannteste Darstellung ist die Dürers aus dem Holzschnittzyklus zur Apokalypse (1498).
S. 389	**Luftschutz**	Die Luftschutzpflicht stand „wertmäßig neben der Wehrpflicht“[60] .
S. 397	**Jazzmusik abgelöst hatten**	Den Nationalsozialisten galt Jazz als „Niggerei und jüdische Frivolität[61], vor allem, weil er vorwiegend von Schwarzen gespielt wurde. Jazz wurde mit der „Anordnung über unerwünschte und schädliche Musik“ vom 18. Dezember 1937 verboten.

---

60 Vgl. Hilde Kammer/Elisabet Bartsch: *Jugendlexikon Nationalsozialismus. Begriffe aus der Zeit der Gewaltherrschaft 1933–1945*. Reinbek bei Hamburg: Rowohlt, 1990, S. 121.

61 Kudwig K. Mayer: *Unterhaltungsmusik*. In: Die Musik, Dezember 1938, S. 163 (zitiert nach: Kammer/Bartsch, Jugendlexikon Nationalsozialismus, S. 172).

	Ribbentrop	Joachim von Ribbentrop (1893–1946, als Hauptkriegsverbrecher in Nürnberg hingerichtet), mit außenpolitischen Aufgaben im Faschismus betraut, 1936–38 Botschafter in England, seit 1938 Reichs-Minister des Auswärtigen
S. 398	**SS-Bräute-schule**	seit 1936 geschaffene Schulen für Bräute von SS- und SA-Angehörigen, für die SS-Bräute war es Pflicht. Die Frauen, zwischen 1934 und 38 waren es 1,7 Millionen, wurden in sechs Wochen geschult über Politik, Haushaltführung und Kindererziehung.
S. 399	**Kostheim**	rechtsseitiger Stadtteil von Mainz am Zusammenfluss von Main und Rhein
S. 400	**auf dem Domdach den heiligen Martin**	Der Mainzer Dom war dem Hlg. Martin und dem Hlg. Stephan geweiht. Wie der Hlg. Georg war Martin ein ehemaliger Soldat, der getauft und ein Muster der Tugend wurde. Die häufigste Darstellung ist die, wie Martin von Tours (um 316–397) seinen Reitermantel mit einem Bettler teilt; seither gilt er als Beispiel von Barmherzigkeit. Der Legende zufolge erschien in der Nacht nach der Mantelteilung Christus mit dem Mantelstück, er war der Bettler, und sprach „Ich bin der, den du verfolgst." Martin wurde einer der populärsten Heiligen, der Schutzpatron Frankreichs, später auch von Mainz und Würzburg. Er war gegen jede Gewalt. Georg Heisler sieht ihn zum zweiten Mal (vgl. 101).
	Zum Engel	Die Kellnerin aus dieser Gaststätte kommt Heisler „bekannt" (401) vor; sie entspricht dem Engel „Fabelgeschöpf" (76) auf der ersten Station im Dom von Mainz. Damals flehte er vergeblich zu dem Engel, nun öffnet sich der Kreis zur Erlösung: Die Kellnerin fordert ihn auf, ihr zu folgen; der Engel geht ihm voran, „ohne sich nach ihm umzusehen" (403).

3.6 Stil und Sprache

ZUSAMMEN-FASSUNG

→ Der Titel ist ein Beispiel für dialektalen Einfluss, aber auch für die Symboltechnik des Romans. Dabei werden christliche Begriffe und mythische Elemente säkularisiert.
→ Auch Märchen, Sagen und Erzählsituationen haben Einfluss auf Sprache und Stil.
→ In der einfachen und schlichten Hochsprache, die auch für die Personen gilt und in der es nur wenige andere sprachliche Versatzstücke (Dialekt, Radebrechen, z. B. 170) gibt, fallen Temporaladverbien auf.

„Siebte" statt „siebente"

Der **Titel** hat Nachfragen bewirkt, warum er „Das siebte" und nicht „Das siebente Kreuz" heißt. Sprachgeschichtliche – „siebte" ist moderner – und metrische Gründe (leichtfüßiger Jambus statt schweren Daktylus) lassen sich anführen. Anna Seghers selbst antwortete auf die Frage stets gereizt, so und nicht anders würde man das Wort in ihrer Heimat, in Rheinhessen, verwenden.[62] Auch andere semantische Erscheinungen weisen auf die sprachliche Herkunft der Schriftstellerin hin („Latwerge", „Rauscher" usw.). Der Titel folgt nicht nur dem brutalen Einfall des Lagerkommandanten, sondern dadurch werden die Häftlinge auch „zu einer weltgeschichtlichen Schicksalsmacht in Beziehung gesetzt"; sie werden nicht erniedrigt, wie es die Absicht des KZ-Kommandanten

62 Zu Elisabeth Langgässer soll sie gesagt haben, es sei ihr „wurscht" gewesen. Ich habe sie 1962 in Leipzig erlebt, als sie auf die Frage eines Studenten gereizt antwortete, so spreche man das bei ihr zu Hause.

war, „sondern moralisch erhöht“[63]. Die Martern, die sie erleiden müssen, stehen für das Leid all derer, die von den Nazis verfolgt wurden. Dafür werden in hohem Maße **christliche Wortfelder** benutzt, die säkularisiert verwendet werden: Wallau geht den Weg bis zu Ende, Georg „aber bleibt sein Golgatha erspart“[64]. Das kann als Hinweis verstanden werden, dass nicht der Opfertod Erlösung bedeutet, sondern das sinnvolle Leben. Anna Seghers nimmt die christliche Mythologie in ihr Weltverständnis als einen Versuch zur Errettung der Menschheit auf.

Der Icherzähler

Ein auktorialer Erzähler, der unaufdringlich als Icherzähler auftritt, berichtet sachlich und vollständig, und zwar – wie der Titel („siebte“) und mundartliche Einschübe („huppelte“, 11) zeigen – mit **Anklängen an den hessischen Dialekt** („Latwerge“), der das hochsprachliche Grundmuster tangiert. Dass Anna Seghers diesen Dialekt sprach – „breit mainzerisch“ –, ist verbürgt.[65] Sprachlich, besonders semantisch und rhythmisch, sah sie sich durch die Gebrüder Grimm beeinflusst, aber auch von Franz Kafka. Sie übernahm **feststehende Wendungen** wie z. B. die „sieben Tellerchen“ und „sieben Gläschen“ (361) aus dem Märchen von *Schneewittchen*. Das wirkt nirgends manieristisch, sondern betont die einfache, schlichte Hochsprache, der sich auch alle Dialoge unterwerfen müssen. Selbst die verbreitete erlebte Rede hebt sich nur durch **adverbiale Eröffnungen oder Fragewörter** („Warum konnte man nicht …“, 191; „Wann war das doch gewesen …“, 275) von Dialogen und Erlebnisberichten ab, sonst aber sind die Übergänge fließend. Zahlreich sind durch die Simultantechnik **Temporaladverbien** („Morgen“, 11; „Jetzt“ 15, 32; „Sofort“, 16; „Wäh-

---

63 Batt, S. 148.
64 Ebd., S. 149.
65 Vgl. Zehl Romero, Bd. 1, S. 305. Ich habe Anna Seghers selbst auf Konferenzen erlebt, wo sie im Gespräch oder in freier Rede dialektale Wendungen einschob.

renddessen“, 42 usw.), oft als Satz- oder sogar Absatzeröffnung, und andere Zeitbestimmungen („Anfang Oktober“, 11; „Mit dem letzten Sirenenzeichen“, 19). Ebenso strukturieren **Adverbien des Ortes** den Text, in dem sich simultan Vorgänge vollziehen (auffallend z. B. 34 f.: dreimal Eröffnung eines Absatzes mit „Da“). **Wiederholungen** erhöhen eine Realität zum Symbol; auf den „Nebel“ (Erstes Kapitel) als Symbol des Höllischen ist bereits hingewiesen worden. Das Gegensymbol ist der Apfel (Erstes Kapitel), der auf dem Höhepunkt (Viertes Kapitel) zum Symbol des Himmlischen (Liebe, 246; Traum, 252 f.) und des verlorenen Paradieses wird.

Tradition und Moderne

Der Erzähler ist offenbar Deutscher, denn er spricht von „unserem Land“ (9). Dass Anna Seghers einerseits mit den erzählerischen Traditionen umgehen kann, andererseits moderne Entwicklungen kennt, machen die Wechsel in der Erzählsituation deutlich, denn in das auktoriale Erzählen werden personal erzählte Abschnitte eingefügt, die auch den **Stil** beeinflussen. Der innere Monolog als ein modernes Erzählmittel, um in die Figur zu sehen und vor allem das zu erfahren, was die an der Szene Beteiligten nicht erfahren, wird von Situation und Ablauf her in Wallaus Schweigen eingesetzt. Während er im Verhör geradezu totenähnlich schweigt und sich in diesen Zustand flüchtet, wendet er sich an die Nichtbeteiligten, auch an den Leser, die direkt angesprochen werden: „**Sie** [auch als Anrede zu lesen, R. B.] waren ja eben Zeuge seiner letzten Worte.“ (184)

Handlung in der Schwebe

Landschaften und Natur werden nur beschrieben, wenn in ihnen Subjekte agieren; Menschen ohne Landschaft und umgekehrt gibt es bei Seghers nicht. Daraus folgt, dass keine sich verselbstständigenden Innenwelten entstehen. Der Leser muss die Details aufeinander beziehen und bei der Lektüre stets parat haben. Es wird ein sprachlicher Zustand geschaffen, der die Handlung in der Schwebe hält: Genaue Angaben wechseln mit Fiktionen und möglicherweise gewollten Ungenauigkeiten; Orte und Bauten sind bis ins Detail nachzuvollziehen, Wege können auf der Karte verfolgt werden. Aber das KZ Westhofen selbst gab es nicht und auch nicht den Ort Schmiedtheim und vieles andere. Dem Leser wird eine erschließbare und nachvollziehbare Landschaft angeboten, die genügend **Fantastisches und Symbolisches** enthält, um nicht nur zum Dokument des außergewöhnlichen Falles, sondern auch zum Entwurf der Allgemeingültigkeit zu werden.

3.7 Interpretationsansätze

ZUSAMMENFASSUNG

- → Die Wirkung des Romans ging vom fiktiven „kleine(n) Triumph" (89) über den Nationalsozialismus aus, der möglich wird, wenn der Einzelne seine Verantwortung begreift. Der Weg in die Freiheit kündigt ein weltliches Jüngstes Gericht an.
- → Geschichte, Landschaft und die Gegenwart des Erzählens werden ausgebreitet und ordnen die Handlung in nationalgeschichtliche Zusammenhänge ein.
- → Die Handlung wird von Wiederholungen und unterlegten Archetypen (Hölle u. a.) mitorganisiert.
- → Der Schäfer Ernst, der aus mythischer Antike zu kommen scheint, steht für die Gegenwart des Mythos.

Ein erster kleiner Sieg über den Nationalsozialismus

„Kleiner Triumph"

Die zeitgenössische Wirkung des Romans ging von dem dargestellten „kleinen Triumph" (89) über den Nationalsozialismus aus. Das Hitler-Regime erschien in dieser Zeit übermächtig und unbesiegbar. Obwohl die Nazis im Roman ihren gesamten Apparat aufbieten, um die sieben Entflohenen zu fangen, entkommen mehrere: Der alte Bauer August Aldinger gelangt in sein Heimatdorf und stirbt im Angesicht der Heimat einen ruhigen Tod, ohne Folter und ohne ans Kreuz gehängt zu werden. Auch Wallau und Belloni entziehen sich den faschistischen Schandpfählen, allerdings durch den Tod. Georg Heisler bleibt als Einziger am Leben und ist auf dem Weg ins Ausland. Das ist symptomatisch: Die Heimat ist unter den Faschisten kein Ort des Lebens mehr, sondern des Sterbens. Nur Heimatverzicht ermöglicht noch das Leben. Aber auch für unsere Gegenwart enthält der Roman eine Botschaft: **Brutaler Gewalt gegen „Andere" ist mit persönlicher Haltung zu entgegnen, mit Mut und Entschiedenheit**. – Georg Heisler entkommt in die Freiheit, es entkommt somit einer von sieben. Diese Relation könnte bedenklich stimmen. Die Rettung Heislers hat aber eine weit reichende Bedeutung. Einer der Häftlinge des KZs Westhofen wird zum Sprachrohr der Schriftstellerin, wenn er die Bedeutung der Flucht beschreibt: Wer stark ist, wer Macht besitzt, darf sich durchaus irren, so lange er sich nicht als allmächtig glaubt, zumal ihn die Irrtümer nur noch menschlicher machen, wer aber „sich als Allmacht aufspielt, (darf sich) niemals irren, weil es entweder Allmacht ist oder gar nichts" (164).

Nur einer von sieben

Als politisch Verfolgte im KZ – Szene aus dem Film „The Seventh Cross" (USA 1944) © ullstein bild – Röhnert

Ein Entkommener wird so zum Zeichen dafür, dass auch der Faschismus nicht unbesiegbar oder allmächtig ist, wird zur Hoffnung aller Antifaschisten, denen das Buch gewidmet ist. Georg Heisler wird die besondere Aufgabe zuteil, mit seiner geglückten Flucht ein **weltliches Jüngstes Gericht** anzukündigen. Er hat sein eigenes Leben, nach manchen Wirren, solcher Gerichtsbarkeit unterzogen (225) und Urteile gefällt. Seine Flucht hat den Umfang der zu richtenden Vorgänge und Personen vergrößert. Gegen Ende des Romans werden mehr und mehr Fälle für dieses Gericht aufgelistet, an der Spitze steht der Mord an Wallau. Der „wird am Tage des Gerichts schwer zu Buche stehen“ (342). Der Tag des Gerichts ist ein säkularisiertes Jüngstes Gericht, bei dem Georg Heisler wie ein weltlicher Jesus die Urteile fällen wird. Das Thema findet sich mehrfach im Roman.

Geschichte, Landschaft und die Gegenwart des Erzählens

Seghers „Originaleindruck“

Der Leser wird zuerst durch ein ländliches Panorama geführt, das am Main liegt und den Rhein ahnen lässt. Zentrum dieser Landschaft sind Mainz, Höchst und Frankfurt. Durch die Geburtsstadt Mainz empfing die Seghers nach eigener Aussage „den Originaleindruck“, wie Goethe den ersten prägenden Eindruck nannte. Dass *Das siebte Kreuz* bei und um Mainz spiele, Heisler einen Tag im Mainzer Dom verbringt und dass „ihm auf einem Rheinschiff die Flucht gelingt“, sei kein Zufall gewesen, sondern Nutzung des „Originaleindrucks“[66]. Während dem Leser die Landschaft beschrieben wird, wird aufwändig die Geschichte der Landschaft erinnert, die bis in den Mythos zurückreicht. Die **Bewegungen durch die Landschaft und durch die Geschichte** verfolgen zwei

---

66 Anna Seghers: *Gruß an die Geburtsstadt, 1975.* In: Dies.: Über Kunstwerk und Wirklichkeit, Bd. IV, S. 129.

Absichten. Zum einen wird die Geschichte, die der Leser erfahren soll, in einen großräumigen zeitlichen und territorialen Kontext eingeordnet. Zum anderen wird alles in Bewegung gezeigt; das einzig Sichere in der Geschichte ist demnach die Veränderung. Symbol dafür ist in der Tradition des „Alles fließt" Heraklits der Fluss: „Wie viele Feldzeichen hat er schon durchgespült, wie viele Fahnen." (15) Damit es in seiner dialektischen Struktur einprägsam ist, stehen sich **Ruhe und Bewegung** immer wieder als einander bedingend gegenüber. Zu Beginn wird es in die formelhafte Prägung gebracht: „Jedes Jahr geschah etwas Neues in diesem Land und jedes Jahr dasselbe (…)" (14). Der Geschichtsablauf wird mit Versatzstücken aus dem Beginn des 1. Kapitels, 1. Abschnitt (13 f.), im 6. Kapitel, 2. Abschnitt (313) wiederholt. Der Zeitpunkt ist gekommen, dass die Gegenwart in diesen Geschichtsablauf, der Auffälliges aufnimmt, mündet. Mit den Wiederholungen wird der Rahmenschluss vorbereitet. Ähnliche **Vermittlungen durch Wiederholungen** finden sich mehrfach und organisieren den Roman wesentlich. Solche Wiederholungen betreffen Begriffe, die Situationen bezeichnen (Nebel, Äpfel) und Begriffe, die für Handlungen stehen (heiliger Martin, die Au). **Wie wird der heilige Martin eingesetzt?** Auf einem Tiefpunkt der Flucht, verletzt und hilflos, sucht Georg im Mainzer Stadtbild den Dom und findet ihn nicht. Erst „als Georg seinen Kopf in den Nacken legte" (101), sieht er den obersten Turm und den heiligen Martin. Mit der Behandlung durch Dr. Löwenstein erlebt er erste Barmherzigkeit. Der heilige Martin und Barmherzigkeit gehören zueinander. – Kurz vor seiner Rettung (400) schaut Georg auf Mainz, nun erblickt er ohne Schwierigkeiten zwei der Türme des Doms und den heiligen Martin vor sich. Selbstlose Hilfe und Barmherzigkeit vieler „Martins" haben ihn hierher ans Tor zur Freiheit geführt. Auch **die Au wiederholt sich**: Als die Lagerleitung des KZs die Verfolgung der Häftlinge organi-

Ständige Veränderung

Der heilige Martin

siert, wird als äußerster Punkt des abzuriegelnden Gebietes „das rechte Rheinufer" genannt: „(...) abriegeln das Stück zwischen Fähre und Liebacher Au (...) Posten auf die Liebacher Au!" (28 f.).

Als Georg sich auf die letzte Etappe seiner Flucht vorbereitet, ist für ihn eine Au das offene Tor in die Freiheit. Als er sie erreicht hat, kann er sich seiner Rettung fast sicher sein:

> „Er schlenderte über die Au unter vielen Leuten, die den Sonntag genossen (...). Die Au erweiterte sich, er war an der Mainmündung angekommen, viel eher, als er gedacht hatte. Der Rhein lag vor ihm (...)" (399 f.).

Ergänzt werden diese Abläufe durch die zwischen den zwei Polen **Himmel und Hölle** entstehende Spannung. Sie wird in das **Bild von Berg und Tal** gebannt: Es besteht aus den Bergen mit der Sonne und den Äpfeln, „unzähligen kleinen runden Sonnen", die sich über Kreuz und Adler erheben (13), und dem Tal mit dem Nebel und einer „weichen verdunsteten Sonne" (13). In dem Tal sind Völker „gar gekocht worden" (13); das ist ein Bild aus Dantes *Göttlicher Komödie*. Die Konfrontation von Licht (Sonne, Berge, „die blaue Glaskugel auf dem Asternbeet", 395) und Finsternis (Nebel, Asche, Täler) durchzieht den Roman. Vor allem der Nebel in vielen Variationen verbindet sich mit Tod, mit Bedrohung und Vernichtung (der tote Belloni wirkt „vernebelt", 208). Heisler, in schwieriger Situation im Nebel steckend, wünscht sich Wallau herbei, nur zwei Minuten „in welcher Hölle immer" (135). Nebel, Asche, Staub und Hölle werden zu Synonymen. Als Heisler mit einem Ausländer zwischen Tal und Berg fährt, bringt es der Fremde radebrechend auf die kürzeste Formel: „Oben Wald, hier näher Staub." (170) Licht und Dunkel geben den sieben Tagen, die die Schöpfungsgeschichte variieren und aus dem Dunkel und

Nebel, Asche, Staub und Hölle

Chaos einen Weg für die Flüchtlinge suchen wollen, ein Gerüst, hinter dem ein zweiter Mythos umrisshaft erkennbar wird. **Himmel und Hölle** stehen sich gegenüber, Dantes *Göttliche Komödie* könnte Vorbild gewesen sein. Kristallisationspunkt der symbolhaft aufgeladenen Eröffnung sind zusätzlich die Äpfel, die immer wieder genannt werden. Als Franz für Elli eine Botschaft hat, wird die Begegnung durchgehend mit dem Wort „Apfel" verfolgt (215 f.). Führen Symbole wie Adam, Eva, der Apfel[67] und andere zu einer biblisch-mythologischen Bezugsebene, so werden andere Bezüge erst bei genauer Lektüre offenkundig.

Die der Handlung unterlegten Archetypen

In der geschilderten Romanhandlung finden sich **mythische Urbilder** (Archetypen). Das verwundert bei der Kunsthistorikerin Seghers nicht. In ihrem Roman *Transit* war es das Schicksal des Odysseus, das immer wieder durchschimmerte. Im *Siebten Kreuz* sind Urbilder zu finden, die etwa der Antike Homers, Dantes *Göttlicher Komödie* oder der christlichen Ikonografie entstammen. Auf letzteres weisen die beiden Wörter des Titels, die leitmotivisch wiederkehren, hin. Ihre Bedeutung im Roman liegt in der Umkehrung christlicher Symbole: Nicht Christus am Kreuz ist der Sieger, sondern Heisler, der nicht ans Kreuz geschlagen werden konnte, ist Sinnbild der Rettung. Die Bewegung des Romans geht nicht auf das Kreuz hin, sondern vom Kreuz weg. Christliche Bilder werden von der Kommunistin Anna Seghers deshalb zitiert, weil die Kirche das Grauen des Faschismus wie auch andere Grauen nicht zu verhindern vermochte. Christliche Symbole, Motive, Figuren und

Umkehrung christlicher Symbole

---

67 In der Erzählung *Das Ende* wird Zillich mit dem Sündenfall konfrontiert: Eva sei eine neugierige Frau gewesen, „sonst hätte sie ja damals überhaupt nicht in den Apfel gebissen". (In: Dies.: *Der Bienenstock*, Bd. 2, Berlin: Aufbau-Verlag, 1963, S. 61).

Handlungen werden im Roman weitgehend säkularisiert, um eine Möglichkeit für die Überwindung des Grauens vorzustellen.

Säkularisierter Heiliger

Georg Heisler trägt die Züge eines säkularisierten Heiligen, der durch die Güte zahlreicher Menschen gerettet wird. Wenn Franz, der Mann, diesmal Elli, der Frau, die Äpfel bringt, die gefährlich werden können (245 f.), ist das nicht nur eine Umkehr des Sündenfalls aus der Bibel (Eva bot Adam den Apfel an), sondern seine Verwerfung: Mit diesen Äpfeln wird nicht eine Vertreibung ausgelöst, sondern die Rettung eines Menschen. Dass die Kritiker nach dem Erscheinen des *Siebten Kreuzes* in den USA ihrer „tiefsten intellektuellen Bewunderung" Ausdruck gaben, die „erstaunliche Vollendetheit" und „das gewaltige menschliche Erlebnis" priesen und das Buch sofort zu „einem neuen Klassiker" erhoben[68], lag nicht zuletzt an diesen Urbildern, die den Leser auch dort packten, wo ihm die Kenntnis des geschilderten Alltags fehlte.

Der Schäfer Ernst – die Gegenwart des Mythos

Neue Weltschöpfung

Dazu gesellen sich bildhafte Vorstellungen, die den Vorfall der sieben Flüchtlinge und der sieben Kreuze, der sich an sieben Tagen vollzog, zu einer neuen Weltschöpfung werden lassen, die von der Antike über das Christentum bis zu dem gegenwärtigen und doch zeitlosen Hirten Ernst reicht. Die Landschaft entsteht aus dem Widerspruch von arkadischer Landschaft, in der sich Götter tummeln (13), Schafe gehütet werden und ewige Sonne strahlt, und von höllischer Landschaft, in der Nebel und Rauch erkennbare Bilder verhindern und in der das KZ Westhofen Mittelpunkt ist. Dort ist der Nebel so dicht, dass selbst Scheinwerfer, die die „schwärzeste Nacht" erhellen würden, nichts bewirken (23). Die Beschreibung des Schäfers ruft kunsthistorische Bilder auf: So könnte Rubens' *Das Urteil des Paris* eine bildliche Vorlage ge-

68 Vgl. die mitgeteilten Kritiken bei Kießling, S. 439.

wesen sein; der Schäfer und Hermes mit Flügelhut samt rotem Halstuch, „ein Zipfelchen seines Schals steht stracks ab, als wehe beständig ein Wind“ (13). Rembrandts *Nachtwache* hat Helden, die den Arm in die Hüfte stemmen und ein Bein vorstellen.

Seghers stellt den Schäfer **Ernst ans Ende einer summierenden Reihe**, die aus zwei monotheistischen Göttern, zwei Fruchtbarkeitsgöttinnen und zwei alles Leben verzaubernden Göttern besteht. Ernst ist „ein (...) unschäferischer Bursche“ (12), der seine Herde auf die Apfelbaumwiese treiben will, im antiken Mythos ist er der „unschäferische“ Königssohn Paris, der den Apfel der schönsten Frau reichen soll. Die Bauerntöchter kommen zu Ernst wegen seiner Qualitäten in der Liebe; zu Paris kommen die Göttinnen. Fünfmal beschreibt die Seghers diesen Schäfer auf engstem Raum, viermal wird das „knallrote“ Halstuch beschrieben, einmal davon in einer summierenden Reihe von Götternamen. Die Szene prägt sich ein. Wem das Vorbild einfällt, der weiß, dass das Urteil des Paris Folgen hatte: Auf Rubens' Bild drängt sich die Göttin Eris mit der Brandfackel ins Bild: Das bedeutet Krieg. Die von der Seghers beschriebene Landschaft (1. Kapitel, I) ist kein Arkadien, sondern dort wühlten „die Geschosse des letzten Krieges“ (12) die Geschosse des vorletzten heraus. Die Landschaft zwischen Rhein und Main ist eine Erinnerungslandschaft von Kriegen. Mit dem Urteil des Schäfers Paris begann ein zehnjähriger Krieg zwischen Trojanern und Griechen, der die Grenze zwischen Mythos und Geschichte markiert. Ernst hat nichts mit den Nazis und nichts mit ihren Gegnern zu tun; er mag keine Menschen, die seine bukolische Welt betreten, außer den Mädchen natürlich, die ihn nachts besuchen. Er wirkt ebenso zeitlos wie ewig; er schafft die Dauer des Lebens in der Welt des Todes. Mit seinem Blick umfasst er „den ganzen Raum der Erzählung“[69].

Knallrotes Halstuch

69 Egon Schwarz: *Lese und Lebenserfahrung mit Anna Seghers. 40 Jahre Lektüre Das siebte Kreuz*. In: Heinz Ludwig Arnold (Hrsg.): Anna Seghers. Text + Kritik. Zeitschrift für Literatur, Nr. 38 (Zweite Auflage. Neufassung) München 1982, S. 117.

4. REZEPTIONSGESCHICHTE

ZUSAMMEN-FASSUNG

- → Der Roman ist das erfolgreichste Buch der Schriftstellerin.
- → Er musste im Exil (Mexiko) erscheinen und erreichte das deutsche Publikum erst über Umwege.
- → Von großer Bedeutung war der Roman für Exilanten und in Kriegsgefangenenlagern.
- → Abwertungen von Autorin und Roman in Folge der Wende 1989 waren nur von kurzer Dauer.
- → Die szenische Anlage des Romans und seine Simultantechnik beförderten zahlreiche mediale Umsetzungen (Verfilmung, Hörspiel, Dramatisierung).

Der Welterfolg begann in den USA

Durch die Hintertür des Exils

Das siebte Kreuz ist das erfolgreichste Buch von Anna Seghers. Allein in deutscher Sprache erlebte der Roman 70 Auflagen und ist in mehreren Millionen Exemplaren verbreitet. Die Titel der Autorin, die literaturhistorischen Platz beanspruchen dürfen, sind je nach weltanschaulicher Herkunft des Betrachters unterschiedlich: *Das siebte Kreuz* ist aber in jeder Auswahl immer vertreten.[70] Dabei hat der Roman das deutsche Publikum über eine Hintertür erreicht: Er erschien erstmals vollständig in deutscher Sprache 1943 in Mexiko, Seghers' Exilland, nachdem 1939 der Abdruck in der

70 Thomas Rietzschel: *Last der Widersprüche.* In: FAZ vom 4. April 1990, S. 33. – Gotthard Erler, damals Programmdirektor des Aufbau-Verlages, sah *Transit*, *Das siebte Kreuz*, *Die Toten bleiben jung* und etliche Erzählungen zum Bestand für die Literatur des nächsten Jahrhunderts gehörend.

Internationalen Literatur[71] in Moskau nach den Heften 7–9 abgebrochen worden war. – Seinen Erfolg erreichte der Roman durch das **Erscheinen in englischer Übersetzung in den USA**. Dort wurde der Ruhm der Anna Seghers begründet. *The Seventh Cross* erschien zwischen 1942 und 1945/6 beim Book-of-the-Month Club und bei der U.S.-Armee, in Tageszeitungen, Zeitschriften und als Braille-Ausgabe für Blinde, als Hollywood-Film (Metro Goldwyn Mayer, Regie: Fred Zinnemann) und als Comicstrip. Nie zuvor und niemals danach wurde eine kommunistische Schriftstellerin so erfolgreich in den USA. Das erklärt sich wohl auch daraus, dass Film und Roman, zurückgeführt auf Abenteuer- und Kriminalhandlung, den Bedürfnissen des amerikanischen Publikums entsprachen. – Zwei Dramatisierungen des Romans finden sich in einem U.S.-Archiv.[72] Gemeinsam mit der US-Autorin Viola Brothers Shore[73], die deshalb 1942 nach Mexiko reiste, wurde von Anna Seghers eine englischsprachige Bühnenfassung hergestellt, die lange als verschollen galt.[74] Das FBI schenkte dem Roman besondere Aufmerksamkeit, weil es glaubte, er sei der Codierungsschlüssel für Geheimbotschaften unter den Exilanten und an Stalin; es stellte die Überwachung der Schriftstellerin erst 1973 ein. Als deutsche Kriegsgefangene in die USA kamen, konnte der Roman gar nicht so schnell bereit gestellt werden, wie er für die Bibliotheken der POW-Lager (Kriegsgefangene) benötigt wurde.[75]

The Seventh Cross (1942)

Geheimbotschaft an Stalin?

---

71 Die Zeitschrift erschien vom Juni 1931 bis Dezember 1945 in Moskau. Ab 1937 wurde ihr Titel erweitert um *Deutsche Blätter*. Neben sozialistischen deutschen Schriftstellern, bedeutenden ausländischen (Barbusse, Rolland) und sowjetischen Autoren (Gorki, Scholochow, Fadejew u. a.) waren auch Heinrich und Thomas Mann, Lion Feuchtwanger und Arnold Zweig beteiligt.
72 Stephan 1995, S. 450.
73 Heute vertreten durch die Viola Brothers Shore Collection in Laramie, Wyoming.
74 Stephan, S. 414, Anm. 71.
75 Ebd., S. 475.

Siegeszug und Verunglimpfungen

Leserbriefe, in denen immer wieder bestätigt wurde, dass Ereignisse wie die im Roman geschilderten, stattgefunden haben, begleiten den Erfolgsweg des Romans und seiner nachfolgenden Erzählungen. Die „reine Wahrheit" sei es gewesen.[76] Das Buch gab seinen zeitgenössischen Lesern „Kraft" und „Zuversicht", auch in Situationen unter umgekehrten politischen Vorzeichen, die im grotesken Widerspruch zum Buch standen. So schrieb Andrew Thorndike, der als deutscher Wehrmachtsangehöriger in Kriegsgefangenschaft geriet, aus einem sowjetischen Kriegsgefangenenlager über die Wirkung des Buches in dem Lager:

Wirkung auf Kriegsgefangene

> „Es waren Menschen sehr verschiedenen Herkommens, die ich sprach – vom evangelischen Pfarrer bis zum KZ-Häftling, bürgerliche Intellektuelle, auch Handwerksleute, auch klassenbewusste Arbeiter. Sie alle bekamen einen Glanz in die Augen, jeder auf seine Weise, bei manchen war es förmlich ein Aufstrahlen; alle aber doch diesen guten Ausdruck, wie ihn das bereitwillige Ja-Sagen-Können zu einem Erlebnis mit sich bringt; alle sprachen mit einer schönen, nachdenklichen Andacht von dem großen Eindruck."[77]

Generell war die Wirkung des Romans auf Kriegsgefangene besonders groß. Sie lasen ihn „mit einer schwer beschreibbaren Mischung aus Scham, Furcht und Hoffnung"[78]. Die individuelle Rezeption des Buchs, die nur angedeutet werden kann, ist von einer

---

76 Vgl. Argonautenschiff Nr. 9, 2000, S. 281.

77 Andrew Thorndike an Anna Seghers vom 4. 3. 1948. In: Argonautenschiff Nr. 9, 2000, S. 285. – Andrew und Annelie Thorndike waren Regisseure, die vor allem mit dem historischen Dokumentarfilm berühmt wurden *(Du und mancher Kamerad)*.

78 Gustav Schröder: *Anna Seghers' Das siebte Kreuz*. In: Argonautenschiff Nr. 9, 2000, S. 295.

großen Breite und Vielfalt. Wünsche um Zusendung des Buches, um Unterstützung bei eigenen Berichten und bei der Beschäftigung mit dem „Schreckensgeist" des Faschismus spielten 1947 eine große Rolle im Briefwechsel Anna Seghers' mit Lesern und Freunden.[79] Der Roman war und blieb ein großes Gesprächsthema.

Vorübergehende Abwertung nach 1989

Nach der politischen Wende 1989, in deren Folge es zeitweilig zu einer Abwertung von Werken und Autoren der DDR kam (z. B. der deutsch-deutsche Literaturstreit um Christa Wolf), wurde auch Anna Seghers für kurze Zeit als „Ulbrichts Dichterin" und „Dichterfürstin der DDR" verdächtigt und ihr Werk und Leben als „voller Selbstzweifel" und anderes verleumdet.[80] Seit 1995 setzte sich eine reich differenzierte Anerkennung der Schriftstellerin mit umfangreicher Sekundärliteratur, Werkausgabe und Anna-Seghers-Gesellschaft durch. Denunziatorische Gehässigkeiten wurden Ausnahmen: Besonders verunglimpfend war Ulf Heises Artikel zum 100. Geburtstag der Schriftstellerin[81], wo er u. a. formulierte: „Sie kompensierte das geistige Elend der letzten Jahre auf stille Weise durch den regelmäßigen Konsum von Alkohol und nahm damit eine lang tabuisierte Entwicklung." Heise beschrieb die Jahre, in denen Spitzenleistungen wie die Erzählungen *Drei Frauen aus Haiti* entstanden.

---

79 Anna Seghers: *Hier im Volk der kalten Herzen. Briefwechsel 1947.* Hrsg. von Christel Berger. Berlin: Aufbau Taschenbuch Verlag, 2000, S. 93 u. ö.

80 Einen Überblick über einige Klischees und Vorurteile, die bis in Sendungen des Deutschlandsfunks (DLF) 2003 reichen, gab Ursula Elsner in einer Rezension des zweiten Bandes der Seghers-Biografie von Christiane Zehl Romero: *Wi(e)der alle Klischees?.* In: Argonautenschiff. Jahrbuch der Anna Seghers-Gesellschaft Berlin und Mainz e. V., Berlin: Aufbau-Verlag, 2003, Band 12, S. 275-282

81 Ulf Heise: *Leben mit dem ständigen Kompromiss.* In: Freie Presse, Chemnitz vom 18./19. November 2000, S. 10.

Die szenische-simultane Anlage führte zu medialen Bearbeitungen

Der Roman hat über weite Teile eine szenische Anlage, die vor allem in den Dialogen, aber auch in den simultanen Handlungsführungen deutlich wird. Seine Verfilmung 1944 in den USA bewies, welche **dramatische Kraft** in ihm steckt. So war es kein Wunder, dass er nach dem Krieg mehrfach dramatisiert wurde. Hedda Zinner schrieb 1955 **ein Hörspiel nach dem Roman**. In dreißig Szenen werden jene Episoden aufgenommen, die die „Kraft der Schwachen" beweisen. Das brachte Verzicht auf anderes mit sich, „Figuren werden typisiert, vieles im Roman in der Schwebe Gehaltene wird mit Deutung und Wertung versehen. Ausgespart werden die Handlungsstränge um den Marnet'schen Bauernhof, um den Schäfer Ernst"[82]. Diese Verluste gaben eine wesentliche Dimension, nämlich den Eintritt der politischen Gegenwartshandlung in eine weltgeschichtliche Dimension, auf. 1981 folgte eine **Bühnenfassung** von Bärbel Jaksch und Heiner Maaß am Mecklenburgischen Staatstheater in Schwerin. Sie war „heiß umstritten"[83]. Grund war, dass sich die Autoren und der Regisseur Christoph Schroth nicht auf die Fluchtvorgänge, sondern auf die Verhaltensweisen der Menschen konzentrierten und damit jene Linie verfolgten, die Anna Seghers mit der Analyse der deutschen Gesellschaft angelegt hatte. So trat Georg Heisler nicht in dem Stück auf, weil man sich auf die Reaktionen der Figuren auf ihn konzentrierte. Inzwischen wird diese Inszenierung mit höchstem Lob bedacht.

Hörspielfassung 1955

Bühnenfassung 1981

1985 folgte von Kristina Handke das **Kinderhörspiel** *Die Jacke. Hörspiel nach einer Begebenheit aus dem Roman Das siebte Kreuz*

Kinderhörspiel 1985

---

82 Ursula Elsner: *Hedda Zinners Hörspiel Das siebte Kreuz von 1955*. In: Argonautenschiff Nr. 8, 1999, S. 139.

83 Anne Braun: *Kleine Geschichten, große Vorgänge. Das siebte Kreuz am Mecklenburgischen Staatstheater*. In: Wochenpost, Berlin 1981, Nr. 39, S. 14.

von Anna Seghers. Dramatisiert wurden die Szenen, in denen Heisler dem Gärtnerlehrling Fritz Helwig die Jacke stiehlt, Helwig den Dieb anfangs verwünscht, aber mehr und mehr zweifelnd wird. Schließlich verleugnet er seine Jacke und hilft so dem geflohenen und ihm unbekannten KZ-Häftling und begibt sich damit selbst in Gefahr.

Hans Werner Henzes *Sinfonie Nr. 9* (1998)

Hans Werner Henze komponierte ein chorsinfonisches Auftragswerk, seine *Sinfonie Nr. 9* (1998) auf Anna Seghers' Roman, und Hans-Ulrich Treichel schrieb dazu die **Dichtung zur Sinfonie auf Anna Seghers' Roman *Das siebte Kreuz***[84]. In seinem Tagebuch vermerkte Henze:

> „Wir identifizieren uns mit diesen unseren Landsleuten von damals, errichten ihnen, den vergessenen Helden des Widerstands, ein neues Denkmal. Und ich rufe mir die Ängste und Schmerzen meiner Kindheit, meiner Jugend, zurück – sie werden zu Landschaften, zu Nebelland und zu Ackerkrume …“[85].

Nach einer Aufführung der Sinfonie 2008 in der Berliner Philharmonie, unter der Leitung von Marek Janowski, betonte ein Kritiker die „Entgegensetzung von Barbarei nah an der Erfahrung des Todes (und) das dagegen gesetzte lebensbejahende Prinzip Hoffnung“[86] als grundsätzliche Abrechnung mit allen Erscheinungen des Grauens in der Welt.

---

84 Der vollständige Text findet sich bei Hans-Ulrich Treichel: *Dichtung* … In: Argonautenschiff Nr. 7, 1998, S. 15–20.

85 Hans Werner Henze: *Sinfonie Nr. 9*. In: Argonautenschiff Nr. 7, 1998, S. 13.

86 Hilmar Franz: *Ein musikanisches Denkmal für deutsche Antifaschisten*. In: unsere zeit (Essen) vom 27. Dezember 2008, S. 9.

5. MATERIALIEN

Paul Mayers Ankündigung 1942

Der Roman hatte zwischen 1942 und 1946 in den USA in englischer Übersetzung außergewöhnlichen Erfolg. Die Buchausgabe erreichte eine Auflage von 600.000 Exemplaren. Die deutsche Erstausgabe erschien 1943 im Verlag El Libro in Mexiko. Der Lektor des Verlages Paul Mayer kündigte den Roman an:

„‚Alles, was das Alleinsein aufhebt, kann einen trösten', steht in diesem Buch, in dem ein Ausgestoßener in den wenigen Tagen seiner Flucht sich selbst erkennt, die eigene Seele und die seines Volkes, den Abgrund des Lebens und die Nähe des Todes, das aufzuckende Herz und die ewig kreisenden Wirbel der Welt. Dies Werk ist ein Trostbuch und ein Triumphlied zugleich. Wer dies Buch liest, ist nicht allein. Er ist mitten in Deutschland, unter Gefährten, lebenden oder toten."[87]

Kritik an der Hollywood-Verfilmung 1944

Der Titel von Anna Seghers' Roman *Die Toten bleiben jung* (1949) klingt in diesen Worten schon an. 1944 wurde *Das siebte Kreuz* von Fred Zinnemann in den USA verfilmt. Der Regisseur besetzte einige Rollen mit Emigranten: Felix Bressart, Alexander Granach und Helene Weigel. Es waren kleine, im Falle der Weigel eine stumme Rolle. Für die Hauptrolle verpflichtete er Spencer Tracy, der damit eine der interessantesten Rollen seines Lebens erhielt.

Der Film, von den Filmbossen durchaus gelobt und auch von Spencer Tracy als gelungen bezeichnet, erreichte trotz aller Vorzüge die Qualität des Buches nicht. Da der Film vor allem die Flucht betonte und weniger die KZ-Szenen umsetzte, fielen nicht nur Fi-

---

87 Paul Mayer: *Das siebte Kreuz.* In: Freies Deutschland, 2. Jahrgang, Nr. 1 (November–Dezember), Mexiko 1942, S. 16.

guren wie Kresse, Mettenheimer, Schulz und Bachmann weg, sondern vor allem mit seinen Liebesszenen kam er den Erwartungen an einen Hollywood-Film entgegen. Vorbehalte gegen den Film entstanden bei Exilanten. Sie sahen sogar schädliche Wirkungen davon ausgehen, weil der Eindruck entstünde, als hätte die deutsche Bevölkerung nur darauf gewartet, „den Antifaschisten zu helfen“[88]. Dem hielt ein anonymer Schreiber in einer Rezension entgegen:

„Abzuleugnen, dass es anständige Deutsche, konsequente Kämpfer gegen die nationalsozialistische Barbarei in Deutschland gibt, kann nur das Gegenteil dessen herbeiführen, was alle Feinde Hitlerdeutschlands wollen. Wenn die Besatzungsarmeen der Verbündeten keinen Unterschied zwischen Nazis, Feiglingen, charakterlosen Opportunisten einerseits und anständigen Deutschen andererseits machen würden, dann wird dies in der Praxis dazu führen, dass offene oder geheime Nazianhänger, dass der Dreck Deutschlands zu Bürgermeistern, Polizeikommissaren, Verwaltungsbeamten und Wirtschaftssachverständigen eingesetzt werden.“[89]

Novellistische Fortsetzungen

Anna Seghers‘ Roman ist eine Zusammenfassung zahlreicher Individualbiografien. Schicksale wie das Heislers wurden sonst kaum bekannt. Es gehörte „ein Mann von seltener Tapferkeit“ dazu, um zu flüchten, „wie Georg Heisler in Anna Seghers’ *Siebtem Kreuz*“[90]. Der Roman hat Fortsetzungen gefunden, „einen Kreis kleiner

---

88 Manfred George: *Ein guter Film mit zweifelhafter Wirkung*. In: Aufbau (New York) 40 vom 4. 10. 1944, S. 11.
89 Rezension. In: The German American (New York) 12 vom 15. 10. 1944, S. 6. Zitiert nach: Stephan 1997, S. 239 f.
90 E. Julina: *Bücher über deutsche Revolutionäre*. In: Sowjetliteratur. Monatsschrift. Moskau 1961, Nr. 9, S. 204.

novellistischer Monde (...), die um den Roman als ihr Zentrum kreisen“[91]. Figuren aus seinem Ensemble treten in Erzählungen wie *Vierzig Jahre der Margarete Wolf* (1958) auf und sind wertvolle Ergänzung zu einzelnen Figuren des Romans.

Autobiografische Hintergründe

Autobiografisches ist bei Anna Seghers selten sofort erkennbar, andererseits kann dem entgegengehalten werden, dass kaum etwas vom Erzählten ohne autobiografische Erfahrungen möglich und denkbar wäre. Anna Seghers hat Autobiografisches als Material ihrer Texte benutzt. Die Mutter der Autorin, über die die Seghers wie auch über ihre anderen Familienmitglieder fast immer schwieg, war im Frühjahr 1942 mit einem Transport aus Mainz in das Ghetto Piaski bei Lublin verschleppt worden[92]; im *Ausflug der toten Mädchen* (1943) tritt die Mutter auf, auch vom Vater wird gesprochen. Autobiografisches ist in Anna Seghers Texten meist in einzelnen Verweisen und Anmerkungen vorhanden und verknüpft Text, Erzähler(in) und Autorin. Das Erzähler-Medium schützt dabei die Autorin, da es einen direkten Bezug verhindert.

Vierzig Jahre der Margarete Wolf 1958

In der Erzählung *Vierzig Jahre der Margarete Wolf* (1958) erscheint eine Icherzählerin, die offenkundig Ähnlichkeiten mit Anna Seghers hat. Dafür steht der Hinweis, dass die Erzählerin in einer kleinen Stadt in Thüringen zu Gast ist, wo ein Freund von ihr gesprochen habe. Es dürfte sich um das Röhrenwerk „Anna Seghers“ in Neuhaus handeln, wo die Schriftstellerin selbst gelesen hat. Diese Unmittelbarkeit bleibt in der Schwebe. Margarete Wolf, die Wirtschaftsleiterin des Betriebes, mit der die Erzählerin ins Gespräch kommt, ist eine geborene Wallau, die Schwester von Wallau, der

---

91 Hans Mayer: *Nachwort*. In: Anna Seghers: Der Ausflug der toten Mädchen. Leipzig: Reclam, 1962, S. 64.

92 Vgl. Frank Wagner: *Deportation nach Piaski*. In: Argonautenschiff 3 (1994), S. 117 ff.

mit Georg Heisler floh. Im Gespräch stellt sich heraus, dass Erzählerin und Margarete Wolf vom Rhein stammen: „Es stellte sich heraus, dass sie aus meiner Gegend stammte.“[93] Die Gegend der Anna Seghers ist der wichtigste autobiografische Bestandteil des Romans *Das siebte Kreuz*.

Hans Werner Henze (1998)

Hans Werner Henze gab 1998 seiner 9. Sinfonie auf Anna Seghers' Roman *Das siebte Kreuz* den Kommentar zu diesem Inhalt mit:

„Meine neunte Sinfonie befasst sich mit der deutschen Heimat – so, wie sie sich mir dargestellt hat, als ich ein junger Mensch war, während des Krieges und schon zuvor. (…) Was in dieser Sinfonie geschieht, ist eine Apotheose des Schrecklichen und Schmerzlichen. Sie ist eine Summa summarum meines Schaffens, eine Abrechnung mit einer willkürlichen, unberechenbaren, uns überfallenden Welt. Statt die Freude, den schönen Götterfunken zu besingen, sind in meiner Neunten den ganzen Abend Menschen damit beschäftigt, die immer noch nicht vergangene Welt des Grauens und der Verfolgung zu evozieren, die weiterhin ihre Schatten wirft. Eine deutsche Wirklichkeit, ist diese Sinfonie aber vor allem Ausdruck der allergrößten Verehrung für Leute, die Widerstand geleistet haben in der Zeit des nazifaschistischen Terrors und die für die Freiheit der Gedanken ihr Leben gegeben haben."[94]

---

93 Anna Seghers: *Vierzig Jahre der Margarete Wolf.* In: Dies.: Der Bienenstock. Gesammelte Erzählungen. Band III. Berlin: Aufbau-Verlag, 1963, S. 244 f.

94 Hans Werner Henze: *Das siebte Kreuz.* In: Argonautenschiff Nr. 7, 1998, S. 14.

6. PRÜFUNGSAUFGABEN MIT MUSTERLÖSUNGEN

Unter www.königserläuterungen.de/download finden Sie im Internet zwei weitere Aufgaben mit Musterlösungen.

Die Zahl der Sternchen bezeichnet das Anforderungsniveau der jeweiligen Aufgabe.

Aufgabe 1 *

Beschreiben Sie die besondere Stellung des Romans im Gesamtwerk der Schriftstellerin.

Mögliche Lösung in knapper Fassung:

BESCHREIBUNG

Anna Seghers wurde mit den wichtigsten deutschen Literaturpreisen geehrt. Die Ehrungen galten einem künstlerischen Werk, das mit Erzählungen und Romanen in der Weimarer Republik, dann während des Exils in Frankreich und Mexiko – vor allem in *Aufstand der Fischer von St. Barbara* (1928), *Das siebte Kreuz* (1942) und *Transit* (1944) – gegen den Faschismus kämpfte und eine gefährdete Menschlichkeit beschrieb. Das epische Werk der Autorin gehört zu den bedeutendsten literarischen Leistungen des 20. Jahrhunderts. Anna Seghers' Werk besteht aus Romanen, Erzählungen, Essays und theoretischen Schriften sowie dem Hörspiel *Prozess der Jeanne d'Arc zu Rouen 1432* (1937) und einer Kurzszene *Der Stiefel* (1969). – Der Roman *Das siebte Kreuz* ist ein Höhepunkt ihres Schaffens. Das mussten selbst Kritiker anerkennen, die mit der politischen Haltung der Schriftstellerin (sie war Sozialistin) schon wegen der eigenen politischen Entwicklung Schwierigkeiten hatten.[95] *Das siebte Kreuz* ist ein kämpferischer Roman gegen den nationalsozialistischen Terror und eine Ehrenrettung für die Deutschen, unter denen es – unabhängig von der politischen oder weltanschaulichen Haltung – auch im Nationalsozialismus moralisch lautere Menschen gegeben hat. Allerdings lässt die Autorin keinen Zweifel daran, dass die Mehrheit des deutschen Volkes den Nazis verfallen war. Das Spitzelsystem im Roman bleibt zwar weitgehend anonym, ist aber außergewöhnlich engmaschig ausgebaut und wird durch Hauswarte, zahlreiche schlichte Menschen, Freunde, Nachbarn und selbst Familienmitglieder angedeutet.

Erschütternde Handlung

Das Schicksal des Romans, zuerst in den USA in englischer Übersetzung bekannt geworden zu sein, dann in deutscher Sprache veröffentlicht zu werden, ist in diesen Jahren keine Ausnahme. Diese Publikationsgeschichten stammen aus einer Zeit, in der deutsche Schriftsteller massenhaft aus ihrer Heimat vertrieben wurden. – Der Roman ist einer der am meisten interpretierten Texte deutscher Literatur. Er wirkt auf den ersten Blick schmucklos, beim Lesen anfangs spröde, anspruchsvolle Metaphern scheinbar meidend. Er entspricht damit der erschütternden Handlung, in der ein staatlicher Machtapparat zur Vernichtung Andersdenkender beschrieben wird. Ihm stehen die unauffälligen Handlungen Einzelner entgegen, die diesem Machtapparat trotzdem Widerstand leisten und ihn trotz großer Verluste schließlich zumindest in einem Einzelfall besiegen: Das siebte Kreuz bleibt leer, Georg Heisler entkommt offenbar in die Freiheit. Es bleibt aber ein kleiner Zweifel, denn Heisler befindet sich am Ende des Romans erst auf dem Wege dorthin.

---

95 Vgl. Marcel Reich-Ranicki: *Nicht gedacht soll ihrer werden?* Marcel Reich-Ranicki über Anna Seghers: *Das siebte Kreuz*. In: Ders. (Hg.): Romane von gestern – heute gelesen, Bd. 3, 1933–1945. Frankfurt/M. Fischer 1990, S. 277–287. – Reich-Ranicki war nach Kriegsende in Polen Mitglied der kommunistischen Partei gewesen, wurde dann aber wegen „ideologischer Entfremdung" aus der Partei ausgeschlossen; der Literaturkritiker, der ab 1958 in der Bundesrepublik lebte, wurde zu einem entschiedenen Gegner des Kommunismus.

Schmucklos und schlicht

Scheinbar schmucklos spricht Anna Seghers im Roman auch über Politik und Leben. Dennoch bietet diese Schlichtheit höchste Verdichtung komplizierter Denk- und Verständnisprozesse im einfachen Wort an. Im Titel bereits angedeutet – Kreuz und die Zahl Sieben sind Begriffe aus einem großflächigen symbolischen, schließlich mythischem Hintergrund –, legt sich ein dichtes Geflecht mythischer, kunstgeschichtlicher und anderer Erweiterungen über den Text, der ihn aus der einzelnen Handlung zu einem Text von symbolischer Bedeutung erhebt und zu einem Höhepunkt deutscher Literatur macht. Der Text bietet zudem zahlreiche Parallelen zu Märchen, Sagen und Legenden, zu Mythos und Geschichte, sodass sich bei einer Zusammenstellung dieser Verweise ein dichtes Geflecht nationalgeschichtlicher Bezüge ergibt, mit dem der Leser von heute nicht nur sein Lesevergnügen befriedigen kann, sondern auch seine Bildung erweitert und damit Möglichkeiten zur Aneignung historischer Lehren schafft. Eine davon ist, dass viele kleine Handlungen und Hilfen für einen gefährdeten Menschen zu einer großen Gesamtleistung und Rettung werden können. Eine andere ist, dass weder soziale noch politische Herkunft diese Hilfe letztlich bestimmen, sondern die Grundlage immer Menschlichkeit, Menschenrechte und Vernunft sind. Neben der künstlerischen Leistung ist die ethisch-politische Haltung bewundernswert, die von der Autorin an den Tag gelegt wird. Auf der Flucht vor den Nazis, im Exil, weit entfernt von den beschriebenen Vorgängen und ständig bedroht, schildert sie die Verbrechen des faschistischen Terrors minutiös und geradezu dokumentarisch genau, ohne dadurch in Pessimismus zu verfallen. Im Gegenteil: Vielmehr ist bereits bei Beginn erkennbar, wie sich die geglückte Flucht des einen KZ-Häftlings auf die Zurückbleibenden positiv auswirkt. In der trostlos-bedrohlichen Situation finden sie zu einem Lächeln, stellen sich mit einem Mal „Hoffnung" und „Kühn-

Parallelen zu Märchen, Sagen und Legenden

Bewundernswerte ethisch-politische Haltung

Ein Hoffnungsschimmer

heit" ein. Inmitten der Ohnmacht entsteht das Gefühl des Triumphes. Es ist eine Meisterleistung der Autorin, wie sie ihre Symbole so ordnet, dass Menschen unterschiedlicher politischer und geistiger Haltung und Bildung sich ihrer bedienen können. Das siebte Kreuz wird für alle Betroffenen das Symbol des Sieges über die Peiniger, so wie es auch Jesus Christus zum Sieger über seine Richter machte. Wie der Gekreuzigte durch die Auferstehung zu neuem Leben gelangte, so wird Georg Heisler durch die geglückte Flucht zu einem Hoffnungsträger. Zur Niederlage wird es für die faschistischen Verbrecher, die sich der Kreuze blasphemisch bedienten und damit auch Jesus Christus beleidigten. So wird das Kreuz für die Misshandelten zum Sinnbild der Erlösung und für die Peiniger zum Sinnbild der Niederlage. Verstärkt wird dieser Charakter von Erlösung und Niederlage durch die Verbindung mit der mythischen Zahl Sieben, die in vielfältiger Weise – sie bestimmt Form und Inhalt – mit dem Geschehen verbunden wird. In sieben Tagen werden sieben entflohene Häftlingen gesucht, damit sie an sieben Kreuze gebunden werden können. Aber am siebenten Tag, der in der Bibel auch der Ruhetag Gottes nach der Weltschöpfung ist, gelingt es dem „siebten" Häftling in die Freiheit zu entkommen und so das „siebte" Kreuz als Niederlage für die Peiniger zu kennzeichnen.

Aufgabe 2 **

Was erfahren Sie über den Nationalsozialismus und wie wirkte er sich im Alltag aus? Beschreiben Sie die Rolle von SA und SS im Roman.

Mögliche Lösung in knapper Fassung:

BESCHREIBUNG

Der Roman bietet eine Darstellung der sozialen Schichtung im nationalsozialistischen Deutschland des Jahres 1937. Der Leser bekommt Einblick in verschiedene soziale Bereiche. Dabei fällt auf, dass das Spitzelnetz als flächendeckend beschrieben wird, aber seine Träger im Roman kaum individuelle Züge erhalten. Zumeist sind es Hausmeister, Nachbarn, Passanten usw. Der Verzicht auf Individualisierungen ist Ausdruck der Reduktion dieser Menschen auf funktionierende Geschöpfe durch das Regime. An mehreren Gruppen werden unterschiedliche Psychogramme der Nazis beschrieben. Zuerst ist es die KZ-Lagerleitung, die vorgeführt wird. Der unberechenbare Fahrenberg, ein „Alter Kämpfer", denn er gehört seit der Frühzeit zu den Nazis, wird abgelöst, weil man für die weitere Entwicklung nicht den grausamen, aber spontan handelnden Fanatiker, sondern den routinierten und sachlich arbeitenden Fachmann für Vernichtung benötigt. Das ist der neue Lagerkommandant Sommerfeld. Die ältere Generation – Fahrenberg und Zillich – trat bereits in den ersten Jahren der Weimarer Republik in die SA ein, weil sie, Anna Seghers Roman zufolge, richtiger Arbeit – Zillich als Bauer, Fahrenberg als Inhaber eines Installationsgeschäftes – entgehen und lieber das aus den Weltkriegsjahren bekannte soldatische Leben fortsetzen wollte. Der neue Lagerkommandant ist Berufssoldat und hat nie etwas anderes gemacht, Töten ist seine Arbeit, und er hat in der Vergangenheit ausgiebig Erfahrungen darin sammeln können. Hinzu

Verzicht auf Individualisierungen

Die KZ-Kommandanten

kommt der SS-Mann Bunsen, der mit seinem „schönen, kühnen Gesicht" (248) dem rassistischen Ideal der SS entspricht und Überlegenheit wie „ein gewappneter Erzengel, wie ein Sankt Michael" (251) ausstrahlt, in Wirklichkeit aber ein feiger Widerling und Denunziant des eigenen Vorgesetzten ist (248). Diese Figuren werden mit kurzen Biografien versehen; sie werden weniger zu Individuen und Charakteren, mehr zu Typen. Diese Verkürzung ist gleichzeitig ein Ausdruck ihrer fehlenden Menschlichkeit. Allerdings begleitet sie ein mit namenlosen Menschen versehener Polizei- und Spitzel-Apparat, der die Größe und Ausdehnung des faschistischen Systems mehr ahnen als erkennen lässt. Da werden nach der Flucht Straßen abgeriegelt – dabei fallen einzelne Namen (Braunewell, Meiling, Ibst, Mannsfeld, Meißner), die für militärische Einheiten stehen, die motorisierte SS verlässt das Lager, aber auch SA-Mannschaften sind anwesend; Verstärkung wird erwartet. Bald erscheinen die Kriminalkommissare Overkamp und Fischer, die aber nicht schlechthin Polizisten, sondern Gestapo-Leute sind (Gestapo: Geheime Staatspolizei). Deutlich ist, dass dieser Apparat beträchtlich größer ist als das Häuflein der Flüchtlinge. An dieser anonym bleibenden Masse wird erkennbar, dass die große Masse der Deutschen das System unterstützte und die Gegner nur vereinzelt und unter größter Konspiration Verbindung untereinander halten konnten, sich auch nie sicher sein konnten, verraten zu werden. Nach der Verhaftung Wallaus erinnert sich ein Häftling „später" (163), also nach 1945, daran, dass die Nazis „eine ganze Generation" (164) politisch Gleichgesinnter ausrotteten. Mit solchen Zusammenfassungen ersetzt die Seghers die detaillierten Einzeldarstellungen.

Typen statt Individuen

Parteiapparat nur im Hintergrund

Dabei spielt ein bestimmter Apparat im Roman nur eine nebensächliche Rolle, nämlich die NSDAP, die Partei der Nazis. Über sie wird wenig mitgeteilt: Fahrenberg ist ein „Alter Kämpfer", das

NS-Gemeinschaft

waren jene Parteigenossen, die zu den frühen Mitkämpfern Hitlers in der NSDAP zwischen 1920 und 1925 gehörten und auf den Parteitagen besonders geehrt wurden. Dafür werden weit verbreitete Organisationen oder Einrichtungen der Partei erwähnt, die tief in das Alltagsleben eingedrungen sind, wie Winterhilfswerk, Frauenschaft, Luftschutzabend usw. Die Jugendorganisation – die Pimpfe der Hitler-Jugend – erweisen sich gegenüber den Älteren als durchsetzungsfähige Truppe (48) und demonstrieren, wie durchorganisiert die Bevölkerung ist, die als nationalsozialistische Gemeinschaft – „eine Menge aus Pimpfen, alten Weibern und Bauern und SA-Leuten" (50) – einen Flüchtling jagt. Ähnliches ist auch in anderen Szenen festzustellen: Besonders aufschlussreich ist dabei die Betrachtung der Familie Heisler, die für andere Familien (Mettenheimer, Bachmann) steht, durch die ein Riss geht. Vier Söhne hat die Mutter zur Welt gebracht. Georg wurde Kommunist, die drei anderen Söhne sind unterschiedliche Wege gegangen. Der Älteste möchte Georg gern helfen, weiß aber kein Mittel. Den wenigen Angaben zufolge ist er ein fast unpolitischer Mitläufer, der nicht dem Häftling, sondern dem Bruder helfen will. Der Jüngste, Georgs „Goldbrüderchen" (255), liebäugelt mit der motorisierten SS und „beteiligt sich an der Hatz" (255). Der Zweitälteste war „ein rechtes Stück von einem SA-Mann" (254), ist aber vor allem deshalb in die SA gegangen, um endlich die Arbeitslosigkeit hinter sich zu lassen. Er kennt die Gefahren für seinen geflohenen Bruder und hat sogar Vorkehrungen getroffen, dass Georg nicht nach Hause kommt, da er dort in eine Falle geraten würde, denn die Gestapo wartet schon auf ihn. An der Familie Heisler werden unterschiedliche Verhaltensweisen und unterschiedliche Argumentationen vorgestellt; sie reichen vom Kommunisten bis zum SS-Mann. Scheinbar beiläufig wird auch an einer sozialen Gruppe, einem Dorf, eine kurze Analyse vorgenommen, die typisch für den Ge-

Riss durch deutsche Familien

Georgs Brüder

samtzustand ist: Während das KZ Westhofen gebaut wurde, waren Häftlinge durch das Dorf Liebach getrieben worden, schrecklich zugerichtet; eine Frau weinte. Am Abend hatte der Bürgermeister dieser Frau, die seine Tante war, klargemacht, dass sie mit ihrer „Flennerei" ihren Söhnen, sich und ihm „für ihr Leben lang Schaden" (85) zugefügt habe. Die Selbstkontrolle funktionierte perfekt und umfassend im Lande.

Aufgabe 3 ***

Verfolgen Sie den Fluchtweg Georg Heislers. Welche literarischen Mittel setzt Anna Seghers bei seiner Gestaltung ein?

Mögliche Lösung in knapper Fassung:

ANALYSE

Die Flucht von sieben Häftlingen aus dem KZ Westhofen ist der Stoff des Romans. Nur ein Fluchtweg wird lückenlos dokumentiert; das ist der von Georg Heisler. Er wird als namenloser Hoffnungsträger eingeführt, denn bereits zu Beginn erfährt der Leser, dass einer der Flüchtlinge entkommen ist und das siebte Kreuz, blasphemisches Symbol der Lagerleitung für die wieder Eingefangenen, leer bleiben wird. Ob er tatsächlich schon in Sicherheit ist, bleibt dahingestellt. Die Frage „Wo mag er jetzt sein?" (10) enthält Hoffnung auf die Ankunft in der Freiheit, aber auch Unsicherheit, ob die Flucht gelingen wird. Diese Hoffnung bestimmt das „Innerste" (10) der Gefangenen und ist der Gegensatz zur Herrschaft der „äußeren Mächte" (408). Für den Erzähler ist dieser Gegensatz von Innerstem im Menschen und der Herrschaft der äußeren Mächte ein Handlungsstrang, dem er bis zum letzten Satz folgt, in dem er schließlich eine Lebenserfahrung formuliert. Der Hand-

Das „Innerste" und die „äußeren Mächte"

lungsstrang wird gegensätzlichen örtlichen Mustern aufgelegt: Sie bestehen aus den konzentrischen Kreisen der Hölle und den aus der Hölle führenden Wegen des Flusses, sowie aus den Höhen, dem Himmel. Von den sieben Flüchtlingen erfährt der Leser nur Georg Heislers gesamten Weg. Es vollzieht sich in sieben Tagen wie eine weltliche Schöpfungsgeschichte. Kurz nach Beginn der Flucht „war er nur ein Tier" (22), das aus der Hölle in die Wildnis ausbricht und dabei Mensch werden muss, will es nicht untergehen. Als er am Ende die letzten Schritte auf dem Weg in die Freiheit geht, ist er Mensch geworden, „gefeit gegen Furcht und Gefahren, aber vielleicht auch gegen das Glück" (406). Der Weg aus der Hölle, dem KZ Westhofen, führt in einen säkularen Himmel, nicht identisch mit dem „unermesslichen trüben Himmel" (406), der das Ziel „bar aller Wirklichkeit" (406) zu machen scheint. Der Weg vom Tier zum Menschen erstreckt sich für Georg Heisler über zahlreiche Stationen. Sie wiederum bedienen die Grundstruktur des Kriminalromans (oder Thrillers), die am Erfolg des Romans, besonders zu Beginn in den USA, Anteil hatte. An einem Montagmorgen im Oktober 1937, 5.45 Uhr, ist Heisler mit sechs weiteren Häftlingen ausgebrochen. Danach liegt er im Sumpf, bedroht vom Versinken, das ihm aber immer noch besser als der Tod im KZ erscheint; der Tod im Sumpf erschien ihm „ganz einfach und ohne Schrecken" (23). Damit wird eine Reihe von Bedrohungen eröffnet, denen Heisler ausgesetzt wird. Sie bewegen sich immer weiter vom KZ weg, bringen ihn immer wieder in tödliche Gefahr, sind aber immer annehmbarer als der Tod in der Hölle des KZs. Die einzelnen Stationen verbinden sich auch mit Heislers Bereitschaft aufzugeben; seinen Häschern entflohen, sieht er darin keine Niederlage, sondern immer schon einen Sieg. Bereits kurz nach dem Ausbruch verspürt er die „Lust" (24), in die Knie und damit im Sumpf unterzugehen. In solchen Situationen seiner Flucht wird

Weltliche Schöpfungsgeschichte

Weg vom Tier zum Menschen

ihm der fiktive Dialog mit Wallau überlebenswichtig. Die Flucht wird dadurch auch zu einer Erfüllung des von Wallau geplanten Vorhabens („An Wallaus Ratschlägen war kein Zweifel.", 53). Heislers Flucht hat ein Programm, ganz anders als die Flucht Aldingers, die dem intuitiven Drang nach Hause folgt. Neben dem Dialog mit Wallau hat eine zweite Abfolge Bedeutung für Heislers Weg. Es sind die Hinweise auf den mythischen Charakter der Stationen. Bereits der Titel kündigt es an: Heisler soll wie Christus ans Kreuz geschlagen werden, aber dieses Kreuz bleibt leer. Heisler findet keine himmlische, sondern eine irdische Erlösung. Die christlichen Symbole behalten als Quelle der Kraft dennoch ihre Gültigkeit. Die erste Station, die Heisler nach seinem Ausbruch, dem Jackendiebstahl, der Verletzung durch Glasscherben, Gefangennahme zweier Mitflüchtlinge und der kurzen Fahrt in einem Bierwagen erreicht, ist der Dom in Mainz. Dort begegnet Heisler der christlichen Ikonografie. Dom und Bilder geben ihm zeitweise Sicherheit, sind aber andererseits eine „eisige Welt" (78), die nie eine menschliche Hand berührt hat, eine Zuflucht, „in der man erfrieren kann" (78). So werden die einzelnen Stationen immer zugleich Zufluchtsort und Bedrohung. Beim jüdischen Arzt wird das Sprechzimmer zum „vollkommen reinlichen Abgrund" (98) und der Abstieg aus der rettenden Praxis zur Gefährdung, als er nach dem Ort seines Besuchs gefragt wird. So bleibt es bis zuletzt: Immer sind die Stationen eine Mischung aus Sicherheit und Gefährdung. Am letzten Abend vor seinem Aufbruch in die Freiheit wird er von einer Kellnerin aufgenommen. Mythisch mutet die Verständigung zwischen beiden an: Beim dritten Glas Most werden Fragen dreimal verneint, ehe Heisler bei der vierten Begegnung von seiner Not spricht und sie ihm hilft. Wieder vermischen sich „Hoffnung" mit „freudiger Bangigkeit" (403); doch auch diesmal – die Kellnerin hat sein Schicksal geahnt – weicht die latente Gefahr. Die

Mythischer Charakter der Stationen

Sicherheit und Gefährdung

Kellnerin aus der Gaststätte „Zum Engel" auf der letzten Station kommt Heisler „bekannt" (401) vor; sie entspricht dem Engel der ersten Station, als er im Dom in seinem Geist aus Leni ein „Fabelgeschöpf" (76) macht. Der Kreis öffnet sich zur Erlösung: Nun geht die Kellnerin, der Engel voran, „ohne sich nach ihm umzusehen" (403). So treten neben die Personen, denen Heisler auf der Flucht begegnet, die Dialoge mit Wallau und Orte, die von Sicherheit und Bedrohung gleichermaßen gekennzeichnet sind.

Aufgabe 4 ***

Gehen Sie dem Titel und dem Symbol des Kreuzes im Text nach.

Mögliche Lösung in knapper Fassung:

ANALYSE

Der Titel kombiniert zwei Begriffe, die mythische Bedeutung haben. Die Sieben ist eine bedeutungsvolle Zahl, die in verschiedenen mythischen Bereichen eine Rolle spielt: im Christlichen, im Jüdischen, aber auch in Märchen und Sagen. Die Bedeutung des Kreuzes wird von Anna Seghers ausführlich im Roman selbst erörtert, indem sie seine Verwendung in der Geschichte beschreibt, von den Kelten über die Römer, bei denen es als Heerzeichen diente, bis zum Christentum. Nun aber erhalten die Kreuze eine andere Bedeutung. Im KZ Westhofen werden sieben Platanen gestutzt und mit einem Querbrett versehen, um an ihnen sieben Flüchtige aufzuhängen, wenn sie wieder gefangen werden. Dass den KZ-Kommandanten jeder Respekt vor Andersdenkenden sowie menschlichen Werten fehlt, wird in dieser Situation besonders deutlich. Die Herabwürdigung des christlichen Kreuzes zur faschistischen Schandsäule ist, aus christlicher Sicht, Blasphemie.

Die sieben Kreuze spielen zuerst im erzählerischen Rahmen eine Rolle. Der Ich-Erzähler, der aus einer Ich-Erzählsituation heraus berichtet, denn er ist Objekt und Subjekt des Geschehens zugleich, eröffnet den Roman mit einem Bericht, dass diese sieben Kreuze gefällt worden seien, nicht weil sie zum Symbol des Sieges der KZ-Mannschaft über die Häftlinge geworden sind, sondern im Gegenteil den Häftlingen Hoffnung gebracht haben: Einer von den sieben Entflohenen ist nicht wieder aufgefunden worden. Bedenkt man die Relation, werden die mörderischen Taten dieser KZ-Mannschaft noch deutlicher: Sechs Menschen sterben, und dennoch macht einer, der entkommt, allen Überlebenden Mut. – Der neue Lagerkommandant lässt die Kreuze nicht nur fällen, sondern sofort zu Kleinholz zusammenschlagen, um jeden optischen Eindruck auszuschalten. Für ihn sind die Kreuze Sinnbild ihrer Niederlage. Dennoch ist der neue Lagerkommandant noch gefährlicher: An die Stelle der spontan ausbrechenden Grausamkeit seines Vorgängers tritt nun die sachlich organisierte Vernichtung. Es war die Zeit, in der die Faschisten die Vernichtung der Juden verschärften (Novemberpogrome 1938).

Der Ich-Erzähler

Sinnbild der Niederlage der Nazis

Im Roman hat der Lagerkommandant Fahrenberg den Einfall mit den Kreuzen; tatsächlich hat sich dieser Vorfall aber auch in der Wirklichkeit zugetragen, und die Schriftstellerin hörte ihn von einem Flüchtling, der ins Schweizer Rheingebiet entkommen war.

Georg Heisler trifft auf seiner Flucht bereits auf der ersten Station auf das Kreuz: Er verbringt eine Nacht im Mainzer Dom und sieht neben Figuren von Bischöfen, Erzkanzlern und Fabelgeschöpfen auch den Hochaltar. Das alles bietet ihm vorübergehend Sicherheit, die er zeitweise „fast mit Rettung" (74) verwechselt. Andererseits begegnet er in seinen Fieberphantasien Aufforderungen, aufzugeben, denn er sei schon „am Anfang zu Ende" (75); er hört ein letztes Angebot: „Friede statt Todesangst, Gnade statt Ge-

Im Mainzer Dom

rechtigkeit" (76). Heisler erinnert sich an die Geschichte von Jesus Christus, an das Kind im Stall, an das Abendmahl, an den Verrat, an den Speerstich des Soldaten, „als er schon am Kreuz hing" (81).

Trügerische Sicherheit

Was aber Heisler als Sicherheit im Dom erscheint, wird zur psychischen Bedrohung. Der Dom erweist sich für ihn von Beginn an als zwiespältiges Symbol. Er strahlt Kälte aus, auch wirken Statuen und Porträts böse, aber das Kreuz ist Sinnbild des Leidens und kann auch Heisler Trost spenden: „Alles, was das Alleinsein aufhebt, kann einen trösten." (81) Dabei fallen das Kreuz von Jesus Christus und sein damit verbundener Leidensweg ein, der in der deutschen Passionsgeschichte in der Regel mit sieben Stationen verbunden ist, die mit den sieben Stationen Heislers vergleichbar sind. Heislers Stationen ähneln in manchen den Stationen der Passion, so wenn er auf seiner zweiten Station im Dom seine Kleidung zurücklässt, während Jesus auf seiner fünften Station seiner Kleider beraubt wird. Grundsätzlich jedoch ist Heislers Weg ein Gegensatz zum Leidensweg Jesu, denn dieser führt zur Hinrichtungsstätte, Heislers Weg führt davon weg. Während Jesus erst durch die Auferstehung vom Tode erlöst wird, erlebt Heisler bereits im Leben seine Auferstehung, indem er in die Freiheit entkommt. Auch andere Ereignisse des Romans spielen auf den Kreuzweg und die Leidensgeschichte Jesu an: Wallau wird wie Jesus verraten, Heisler wird von Leni wie Jesus verleugnet usw. Das Ende des Romans kommt schließlich in einer anderen Situation als die biblische Leidensgeschichte an: Das Kreuz bleibt leer; daraus entsteht Hoffnung für die Häftlinge. Wenn Heisler auch den Dom als bedrohende Sicherheit empfindet, wirkt der Leidensweg Jesu auf ihn beruhigend, zeigt er doch die Leidensfähigkeit des Menschen. Der Dom bleibt endlich hinter Heisler, er verschwindet hinter Häusern, Markt und geschäftigem Treiben, „Lastwagen und Weibern" (101). Nur der heilige Martin bleibt im Blick. Georgs

Gegensatz zum Leidensweg Jesu

sieben Stationen lassen sich mit dem Weg Jesu nach Golgatha vergleichen; sie führen ihn aber gerade nicht zur Richtstätte, sondern immer weiter von dem Gefahrenort fort. Am Ende bleibt wieder ein Blick auf den Dom; an die Stelle der großen Kreuze im Dom ist das Dreieck getreten, „ein Schwarm von Vögeln“ (400). Geblieben ist der heilige Martin, der seinen Mantel teilt. Heisler sieht ihn von seiner letzten Station aus. Er wird zum Sinnbild der Helfer, die Heislers Weg bereitet haben.

Kein Weg nach Golgatha

Ein letztes Mal und in völlig anderer Umgebung sieht Heisler ein Kreuz, diesmal am Hals der Kellnerin, die zur Personifikation des im Dom erträumten Engels, des fliegenden „Fabelgeschöpf(s)“ (76) wird, der bisher ausgeblieben ist. Heisler hat geglaubt, Leni sei das Vorbild für diesen Engel gewesen; aber Leni hat ihn verleugnet. Nun trifft er im Gasthaus „Zum Engel“ auf den richtigen Engel, der ihm voran geht: „Ein kleines Kreuz aus Granatsteinen hielt ihren Kragen zusammen.“ (401) Das christliche Kreuz in seiner primären Bedeutung begleitet den weltlichen Weg Heislers, verspricht Hoffnung und kündigt seinen Sieg über seine Verfolger an.

LITERATUR

Zitierte Ausgabe:

Seghers, Anna: *Das siebte Kreuz. Ein Roman aus Hitlerdeutschland*. Mit einem Nachwort von Sonja Hilzinger. Berlin: Aufbau Verlag, 33. Aufl. 2011 (aufbau taschenbuch 5151).

Primärliteratur von Anna Seghers:

Seghers, Anna: *Das siebte Kreuz. Ein Roman aus Hitlerdeutschland*. In: Dies.: Werkausgabe. Das erzählerische Werk, Bd. 1/4. Hrsg. von Helen Fehervary und Bernhard Spies. Berlin: Aufbau-Verlag, 2000.

Seghers, Anna: *Glauben an Irdisches. Essays auf vier Jahrzehnten.* Hrsg. v. Christa Wolf. Leipzig: Reclam, 1969.

Seghers, Anna: *Über Kunstwerk und Wirklichkeit.* 4 Bände. Hrsg. von Sigrid Bock. Berlin: Akademie-Verlag, 1970, 1971, 1979 → Deutsche Bibliothek. Studienausgaben zur neueren deutschen Literatur, 3–5, 9.

Seghers, Anna: *„Ich erwarte eure Briefe wie den Besuch der besten Freunde". Briefe 1924–1952. (Werkausgabe V/1). / „Tage wie Staubsand". Briefe 1953–1983 (Werkausgabe V/2).* Hrsg. von Almut Giesecke und Christiane Zehl Romero. Berlin: Aufbau-Verlag, 2008 u. 2010.

Lernhilfen und Kommentare für Schüler:

Elsner, Ursula: *Anna Seghers. Das siebte Kreuz*. Interpretation. Hrsg. von Klaus-Michael Bogdal und Clemens Kammler, Bd. 76. München: Oldenbourg, 1999 → Gründliche Analyse, mit Tabellen und Tafelbildern; prägnante Beschreibung des Zeithintergrundes und der Symbole, Metaphern und phantastischen Elemente.

Hilzinger, Sonja: *Anna Seghers. Das siebte Kreuz.* Erläuterungen und Dokumente. Stuttgart: Reclam, 2004 (RUB 16042) → Die Dokumentation fasst die zahlreichen Arbeiten der Autorin zu Anna Seghers übersichtlich zusammen, gibt Einblicke in bisherige Forschungsergebnisse.

Leis, Mario: *Anna Seghers. Das siebte Kreuz.* Lektüreschlüssel für Schülerinnen und Schüler. Stuttgart: Reclam, 2009 (RUB 15403) → Kurze Einführung in Inhalt und Interpretation.

Spies, Bernhard: *Anna Seghers: Das siebte Kreuz.* Interpretation. Frankfurt/M.: Diesterweg, 2. Auf. 1997.

Sekundärliteratur:

Argonautenschiff. Jahrbuch der Anna Seghers Gesellschaft Berlin und Mainz e. V., Hrsg. v. d. Anna-Seghers-Gesellschaft Berlin und Mainz e.V. Berlin: Aufbau-Verlag GmbH, 1992 ff. → Für die genaue Beschäftigung mit Anna Seghers unentbehrliches Hilfsmittel mit unbekannten Texten, Analysen, Bibliografie; Beschäftigung mit Zeitgenossen und Freunden von Anna Seghers. Darin auch aktuelle Beiträge zum *Siebten Kreuz* 1993, Bilke und Kant 1995 u. a.

Albrecht, Friedrich: *Die Erzählerin Anna Seghers, 1926–1932. Neue Beiträge zur Literaturwissenschaft.* Berlin: Rütten & Loening, 1965.

Batt, Kurt: *Anna Seghers. Versuch über Entwicklung und Werke.* Leipzig: Reclam, 1973.

Batt, Kurt (Hrsg.): *Über Anna Seghers. Ein Almanach zum 75. Geburtstag.* Berlin und Weimar: Aufbau-Verlag, 1975.

Bernhardt, Rüdiger: *Mühen und Niederlagen der Anna Seghers.* In: Marxistische Blätter, Essen: Neue Impulse Verlag, 2000, Heft 6, S. 86–91.

Hilzinger, Sonja (Hrsg.): *Das siebte Kreuz von Anna Seghers. Texte, Daten, Bilder.* Frankfurt/M.: Luchterhand, 1990 → Informative Sammlung, die auch Begleittexte wie Anna Seghers' Nachruf auf Hans Beimler u. a. einbezieht.

Kießling, Wolfgang: *In der Zeit und über sie hinaus: Das siebte Kreuz.* In: Exil in Lateinamerika (Kunst und Literatur im antifaschistischen Exil 1933–1945, Bd. 4). Leipzig: Reclam, 1980, S. 438–443.

Neugebauer, Heinz: *Anna Seghers.* In: Literatur der Deutschen Demokratischen Republik. Einzeldarstellungen von einem Autorenkollektiv unter Leitung von Hans Jürgen Geerdts. Bd. 1. Berlin: Volk und Wissen, 1974, S. 92–109, 521–526.

Schlenstedt, Dieter: *Anna Seghers' Roman Das siebte Kreuz.* In: Manfred Naumann, u. a.: Gesellschaft. Literatur. Lesen. Literaturrezeption in theoretischer Sicht. Berlin und Weimar: Aufbau-Verlag, 1973, S. 381–418.

Schrade, Andreas: *Anna Seghers.* Stuttgart, Weimar: J. B. Metzler, 1993 → Geeignet für eine erste Übersicht; faktografisch fehlerhaft und interpretatorisch wenig Anregungen.

Stephan, Alexander: *Anna Seghers The Seventh Cross. Ein Exilroman über Nazideutschland als Hollywood-Film.* In: Exilforschung 6. München: edition text + kritik 1988, S. 214–219 → Darstellung der Bemühungen um eine Bühnenfassung des Romans Anna Seghers' gemeinsam mit Viola Brothers Shore.

Stephan, Alexander: *Anna Seghers.* In: Ders.: Im Visier des FBI. Deutsche Exilschriftsteller in den Akten amerikanischer Geheimdienste. Stuttgart, Weimar: Verlag J. B. Metzler, 1995, S. 449–482 → Hintergründe zur Veröffentlichungs- und Wirkungsgeschichte des Romans.

Stephan, Alexander: *Anna Seghers: Das siebte Kreuz. Welt und Wirkung eines Romans.* Berlin: Aufbau Taschenbuch Verlag, 1997 → Umfangreichste Darstellung der Text- und Wirkungsgeschichte, auch des amerikanischen Bestsellers, der FBI-Aktivitäten und der Dramatisierungen; unersetzbares Hilfsmittel für die gründliche Analyse des Romans.

Wagner, Frank: *„... der Kurs auf die Realität". Das epische Werk von Anna Seghers (1935–1943).* Berlin: Akademie-Verlag, 1975 (Literatur und Gesellschaft).

Wagner, Frank/Emmerich, Ursula/Radvanyi, Ruth (Hrsg.): *Anna Seghers. Eine Bildbiographie. Mit einem Essay von Christa Wolf.* Berlin: Aufbau, 2. Aufl. 2000 → Eindrucksvolle Dokumente des Lebens der Seghers mit kaum bekannten Dokumenten.

Wolf, Christa: *Nachwort.* In: Anna Seghers: Das siebte Kreuz. Leipzig: Reclam, 1971, S. 411–422.

Zehl Romero, Christiane: *Anna Seghers mit Selbstzeugnissen und Bilddokumenten.* Reinbek bei Hamburg: Rowohlt Taschenbuch Verlag, 1993 (rowohlts monographien).

Zehl Romero, Christiane: *Anna Seghers. Eine Biografie. 1. Band: 1900–1947. 2. Band: 1947–1983.* Berlin: Aufbau-Verlag, 2000–2003 → Gründliche und eindringliche Lebensbeschreibung mit Werkinterpretationen.

Verfilmung:

Das siebte Kreuz. USA 1944.
Regie: Fred Zinnemann.
Drehbuch: Marcia Davenport, Helen Deutsch.
Spencer Tracy als Georg Heisler.

STICHWORTVERZEICHNIS

Adverbien des Ortes 100
Apfel 63, 64, 80, 93, 100, 107, 108, 109
Archetyp 9, 102, 107
Bibel 10, 65, 108, 123
Chiliasmus 11, 95
Christliche Symbole 47, 107, 129
Dante 7, 40, 41, 42, 43, 106, 107
Dialekt 9, 77, 98, 99
Dokument 6, 25, 30, 67, 101
Dreieck 7, 40, 44, 47, 57, 133
erlebte Rede 49, 99
Erzählen 9, 49, 100, 102, 104
Erzähler, auktorialer 49, 62, 99
Erzähler, personaler 49, 100
Erzählsituation 9, 49, 98, 100, 131
Exil 6, 18, 20, 29, 50, 86, 91, 110, 122, 136
Faschismus 6, 18, 19, 21, 25, 50, 84, 86, 95, 97, 104, 107, 113, 120
Fatalismus 18
geometrische Figuren 7, 43
Göttliche Komödie 7, 40, 42, 107
Hitlerdeutschland 6, 18, 19, 20, 61, 117
Icherzähler 99
Ikonografie 107, 129
innerer Monolog 35, 49, 100
Jüngstes Gericht 9, 48, 74, 86, 96, 102, 104
Konzentrationslager, KZ 7, 25, 26, 28, 29, 30, 32, 33, 34, 37, 39, 41, 43, 44, 45, 46, 47, 49, 50, 51, 52, 56, 59, 63, 71, 72, 74, 81, 82, 98, 101, 103, 108, 112, 115, 116, 122, 124, 127, 128, 130, 131
Kreis 17, 40, 41, 43, 44, 46, 47, 57, 97, 117, 128, 130
Landschaft 9, 32, 55, 64, 84, 100, 101, 102, 104, 108, 109, 115
Manzoni, Allesandro 28, 30, 49
Märchen 9, 10, 45, 93, 94, 98, 99, 122, 130
Mythos, Mythologie, mythologisch 9, 21, 32, 63, 99, 102, 104, 107, 108, 109, 122

Nationalsozialismus 6, 9, 18, 51, 58, 72, 74, 96, 102, 121, 124
Novelle 29
politische Biografie 8, 56, 57
reziproke Entwicklung 7, 41
Sagen 9, 10, 23, 83, 94, 98, 122, 130
Sieben, die 7, 32, 34, 40, 45, 46, 47, 61, 122, 123, 130
simultan, Simultantechnik 41, 49, 99, 100, 110, 114
soziale Schichtung 18, 28, 30, 51, 124
Spanischer Bürgerkrieg 13, 18, 22, 28, 52, 58, 81, 84, 86, 89
Station 46, 59, 61, 97, 129, 130, 131, 132, 133
Symbol 7, 9, 18, 29, 56, 57, 61, 65, 100, 105, 123, 127, 130, 131, 132
Temporaladverbien 9, 98, 99
Titel 21, 27, 45, 61, 91, 98, 99, 110, 111, 116, 122, 129, 130
zeitlicher Rahmen 40, 50, 73
Zweiter Weltkrieg 7, 13, 18, 19, 23, 26, 30